Thích Nhât Hanh
WORTE DER ACHTSAMKEIT

Thích Nhât Hanh

WORTE DER ACHTSAMKEIT

Herausgegeben von
Adelheid Meutes-Wilsing und Judith Bossert

HERDER
Freiburg · Basel · Wien

Autor der ausgewählten Texte
Thích Nhât Hanh (geb. 1926), vietnamesischer buddhistischer Mönch, Zen-Meister, Dichter, Friedensaktivist. Gründer der buddhistischen Van Hanh Universität in Saigon, Gründer des buddhistischen Ordens Tiêp Hiên oder Intersein. Autor zahlreicher Bücher, lebt in Plumvillage (Süd-Frankreich).
Bei Herder: Schlüssel zum Zen. Bei Herder/Spektrum: Lächle deinem eigenen Herzen zu (4370), Zeiten der Achtsamkeit (4492), Schritte der Achtsamkeit (4720).

Die Herausgeberinnen
Adelheid Meutes-Wilsing und Judith Bossert leiten die Meditationsstätte und das Laienkloster ZENKLAUSEN in der Eifel in Lautzerath bei Leidenborn.

Das Buch
Die gewählten Texte sind – mit freundlicher Genehmigung – aus Büchern der nachfolgenden Verlage entnommen: Aurum, O.W. Barth, Goldmann, Herder und Zenklausen in der Eifel (siehe Quellennachweis S. 160).

2. Auflage

Alle Rechte vorbehalten – Printed in Germany
© Für diese Ausgabe:
Verlag Herder Freiburg im Breisgau 1997/1999
Redaktion: Dr. Ulrich Scharpf
Buchgestaltung:
hoyerdesign grafik gmbh, Freiburg
Herstellung: Freiburger Graphische Betriebe 2001
Gedruckt auf umweltfreundlichem,
chlorfrei gebleichtem Papier
ISBN 3-451-27040-4

Inhalt

	EINLEITUNG	7
I	DAS WUNDER DER ACHTSAMKEIT *Worte zu unserem Tun*	13
II	DAS WUNDER, AUF DER ERDE ZU GEHEN *Worte zu unserem Körper*	31
III	DAS WUNDER DER ROSE *Worte zur Natur*	47
IV	DAS WUNDER DES LÄCHELNS *Worte zu Gefühl und Wahrnehmung*	67
V	DAS WUNDER DES FRIEDENS *Worte zum fried- und liebevollen Miteinanderleben*	91
VI	DAS WUNDER DES AUGENBLICKS *Worte zum Einssein*	115
VII	DAS WUNDER DES ATEMS *Worte zur Meditation*	135
	STÄTTEN DER ACHTSAMKEIT	159
	QUELLENNACHWEIS	160

Einleitung

*Worte der Achtsamkeit
sind der Duft des Zen*

Achtsamkeit wirft ihr Licht auf alle Dinge.
Achtsamkeit bringt die Kraft der Konzentration.
Achtsamkeit führt zur tiefen Einsicht und zum Erwachen.
Achtsamkeit ist der Schlüssel zu jeglichem spirituellen Tun.

So umschreibt Thích Nhât Hanh mit Worten den Weg der Achtsamkeit. Worte sollen sich auch in unsere Achtsamkeit einbetten, damit sie sich zum Duft des Zen entfalten. „Denn Worte sind die Energie, die auf alle Dinge und Aktivitäten ihr Licht werfen", erklärt Thích Nhât Hanh.

Viele tausende Worte verlassen täglich unseren Körper und Geist, seien sie gedacht, gesprochen oder geschrieben.

Wie bewußt sind wir uns dieser Gedanken, Laute und Buchstaben? Achtsamkeit ist der

Einleitung

Weg, der die Energie der Worte bündelt und ihre Aktivität leuchten läßt.

Gedachte Worte – welch ein Gedankenspiel in unserem Kopf! Machen wir uns dies bewußt, beobachten wir unseren inneren Dialog und lassen wir ihn wie weiße Wolken am blauen Himmel ruhig und sanft oder wie Gewitterwolken stürmisch und aufbrausend als Spiel unseres Geistes an uns vorüberziehen. Seien wir Beobachter – lächeln wir diesem Wolkenspiel zu. Erfreuen wir uns an den hellen Dunstgebilden, die kommen und gehen und sich ständig verändern. Betrachten wir die Gedanken wie Regenwolken eines Maitages, und erkennen wir, daß Regen die Erde befeuchtet und zum Leben und Wachstum anregt.

Setzen wir uns an einem ruhigen Platz zur Meditation auf ein Kissen und beobachten und genießen wir unser heiteres und regnerisches und teils stürmisches Gedankenspiel. Werfen wir Licht auf unsere Gedanken durch Achtsamkeit, bringen wir so die Kraft der Konzentration in unsere Gedanken und wandern wir hinein in die tiefe Einsicht und das Erwachen. Denn wenn Gedanken aufsteigen, erheben sich alle Dinge unserer Welt, und wenn Gedanken weiterziehen, schwinden alle Dinge dieser Welt. Während eine Gedankenwolke der anderen folgt, versuchen wir, keine festzuhalten, an ihr hängen zu bleiben. Lassen wir sie kommen und vorüberziehen. Wolken kommen und gehen. Erfahren wir den Zwischenraum des leeren Himmels, und neue Wolken kommen und ziehen vorbei, und der wunderbare Augenblick des Zwischenraums ist da – das ist Gedankenleere. Das Gedankenspiel gleicht dem Spiel des Atems: Einatmen – Ausatmen – wunderbarer Augenblick der Leere.

„Worte der Achtsamkeit sind der Duft des Zen" (Thích Nhât Hanh). Nicht mehr und nicht weniger. Doch wie bewußt sind wir uns unserer täglich gesprochenen Worte? Wieviel Achtsamkeit schenken wir ihnen?

Der Klang unserer Worte sollte sein wie eine wunderbare Melodie: ob laut oder leise, tief oder hoch, schnell oder langsam, kraftvoll oder zart. Die Melodie unseres Lebens spielt ihr Lied in unseren Worten. Spielen wir es voll Achtsamkeit, damit kein Ton, kein Klang unbewußt verhallt. Die Melodie unserer Worte soll die Herzensblume des anderen zum Blühen bringen, soll Frieden stiften und beruhigen, soll beleben, Ängste verscheuchen, Mut machen und Trauernde trösten. Üben wir vorsichtig und sehr bewußt, die Wirkung unserer Worte auf andere Menschen, auf Pflanzen und Tiere, auf alle Lebewesen und den ganzen Kosmos einzuschätzen. Welche Kraft der Ursache und Wirkung entfaltet sich in heilenden und liebevollen Lauten.

Friedvoll soll unsere Lebensmelodie erklingen.

Beobachten wir auch unsere Lippen – unseren Mund, wie er sich zu Tönen formt. Machen wir „Mundyoga", lächeln wir, und unsere Sprache ist schöpferisch statt zerstörerisch. Denn „achtsames Sprechen kann wahres Glück bringen, und unachtsames Sprechen kann töten" (Thích Nhât Hanh).

Wortinhalte sind deshalb so achtsam wie möglich zu wählen. Sind wir uns dessen bewußt, wie oft wir täglich urteilen und verurteilen, befehlen, verletzen und unsere Machtgelüste austoben. Gehen wir morgens mit liebevollen Worten aus unserem Heim, geben wir unseren Familienmitgliedern Kraft und Stärke und Freude mit auf den Weg des Tages. An unserer Arbeitsstätte helfen aufmunternde Worte unseren Mitarbeitern, Freude am Tagwerk zu empfinden. Bitten wir um Verzeihung, wenn unachtsame und lieblose Worte unsere Lippen verließen, und schließen wir versöhnende und friedvolle an. Am Abend schenkt der beruhigende Klang unserer Sprache einen friedlichen Schlaf.

Worte der Achtsamkeit werfen ein Licht auf alle Dinge, geben Kraft und Energie, führen zum Erwachen und sind ein Schlüssel zum spirituellen Leben. So klingt unsere Lebensmelodie heilsam und belebend.

Das geschriebene Wort beherrscht unsere Zeit. Lassen wir den Computer keine anonyme

EINLEITUNG

Zeitmaschine sein. Schreiben wir Briefe im Büro von Mensch zu Mensch mit Worten, die die Würde des anderen nicht verletzen, und mit Worten, die unseren Respekt vor allen Lebewesen bezeugen. Machen wir mit unseren Fingern eine „Fingerwalkingmeditation" über die Tastatur des Computers. Gehen wir Buchstabe für Buchstabe über die Brücke des Internets zwischen dem Nichts und dem Nirgendwo.

Lesen wir alle Bücher mit Achtsamkeit – vergessen wir alle Worte der Achtsamkeit und üben wir, Buchstabe für Buchstabe zu lesen und zu schreiben wie ein Kind, ein Erstkläßler – Gehmeditation unserer Finger über das weite Feld der geschriebenen Worte, denn diese sind die Energie, die mit unserer Computer- und Internetwelt auf alle Zeitereignisse und den Zeitgeist politisch, wirtschaftlich und sozial ihr Licht werfen. Achtsamkeit entfaltet diese geschriebenen Worte zum Duft des Friedens und des Heilens und der Lebensfreude in uns und um uns herum.

Adelheid Meutes-Wilsing
Zenklausen in der Eifel

I

DAS WUNDER
DER ACHTSAMKEIT

Worte zu unserem Tun

Für den Buddhismus ist die Achtsamkeit der Schlüssel zu allem weiteren. Die Achtsamkeit ist die Energie, die auf alle Dinge und Aktivitäten ihr Licht wirft; sie bringt die Kraft der Konzentration hervor, führt zu tiefer Einsicht und zum Erwachen. Die Achtsamkeit ist die Grundlage jeglicher buddhistischer Praxis.

Schlüssel zum Zen

Die Achtsamkeit bringt die Kraft der Konzentration hervor. Sie hilft uns, unsere Aufmerksamkeit auf das zu richten, was wir jeweils gerade tun, und folglich zu wissen, was wir tun. Gewöhnlich sind wir Gefangene unserer Gesellschaft. Unsere Energien sind überall verstreut. Unser Körper und unser Geist sind nicht in Harmonie miteinander. Wenn man anfängt, sich dessen genau bewußt zu sein, was man tut, sagt und denkt, macht man auch den Anfang damit, einen Damm gegen das Überschwemmtwerden von seiner Umgebung und von all seinen falschen Wahrnehmungen aufzubauen.

Hat man die Lampe der Achtsamkeit eingeschaltet, so leuchtet man sein ganzes Wesen aus, und alles, was sich darin einstellt, jeder Gedanke und jedes Gefühl, wird ebenfalls genau beleuchtet. Dadurch entwickelt man wieder Selbstvertrauen, wird nicht mehr von den Schattenbildern seiner Illusionen überwältigt und entwickelt seine Konzentration zu voller Stärke. Man wäscht seine Hände, zieht sich an und verhält sich in allem genau wie vorher – aber jetzt ist man sich dessen, was man tut, redet und denkt, klar bewußt ...

... Die Macht der Achtsamkeit und der Konzentration ist die spirituelle Kraft, die alle großen Männer und Frauen in der Geschichte der Menschheit erfüllt hat.

Schlüssel zum Zen

Die Achtsamkeit führt zu tiefer Einsicht und zum Erwachen.

Schlüssel zum Zen

Achtsamkeit ist die Mutter, die sich um deinen Schmerz kümmert, wann immer er zu schreien anfängt.

Ein Lotos erblüht im Herzen

Wenn die Achtsamkeit etwas Schönes berührt, offenbart sie dessen Schönheit. Wenn sie etwas Schmerzvolles berührt, wandelt sie es um und heilt es.

Ein Lotos erblüht im Herzen

Solange unsere Vorfahren in uns noch leiden, können wir nicht wirklich glücklich sein. Wenn wir achtsam einen Schritt machen – frei, glücklich die Erde berührend –, tun wir dies für alle früheren und zukünftigen Generationen. Sie alle kommen im selben Moment wie wir an, und wir alle finden zur selben Zeit Frieden.

Ein Lotos erblüht im Herzen

Worte zu unserem Tun

Kinder sind ganz besonders fähig, Achtsamkeit zu üben und andere daran zu erinnern.

Ich pflanze ein Lächeln

Die Übung der Achtsamkeit ist nichts anderes als die Übung liebevoller Zuneigung.

Ein Lotos erblüht im Herzen

Das Herz der Kunst ist Achtsamkeit.

Ein Lotos erblüht im Herzen

Wenn wir Achtsamkeit üben, werden wir wissen, wie wir tief in das Wesen des Krieges hineinblicken und mit unserer Einsicht andere aufrütteln können.

Ein Lotos erblüht im Herzen

Achtsamkeit ist etwas, an das wir glauben können. Es ist unsere Fähigkeit, uns dessen bewußt zu sein, was im gegenwärtigen Moment vor sich geht. [...] Wenn wir ein Glas Wasser trinken und wissen, daß wir ein Glas Wasser trinken, ist Achtsamkeit da. Wenn wir sitzen, gehen, stehen oder atmen und dabei wissen, daß wir sitzen, gehen, stehen oder atmen, berühren wir den Samen der Achtsamkeit in uns.

Ein Lotos erblüht im Herzen

Um glücklich zu sein, müssen wir den Samen der Achtsamkeit wässern, der in uns liegt. Achtsamkeit ist der Same für Erleuchtung, für Bewußtheit, Verstehen, Fürsorge, Mitgefühl, für Befreiung, Veränderung und Heilung. Üben wir Achtsamkeit, kommen wir in Berührung mit den erfrischenden und freudvollen Aspekten des Lebens in uns und um uns herum – Aspekte, die wir sonst, wenn wir in *Unachtsamkeit* dahinleben, nicht berühren können.

Ein Lotos erblüht im Herzen

Achtsamkeit ist das Licht, das uns den Weg weist.

Ein Lotos erblüht im Herzen

Nicht nur Buddhisten, sondern auch Christen, Juden, Moslems und Marxisten können akzeptieren, daß jeder von uns die Fähigkeit besitzt, achtsam zu sein.

Ein Lotos erblüht im Herzen

Für mich ist Achtsamkeit etwas ganz Ähnliches wie der Heilige Geist. Beide können heilend wirken. Wer Achtsamkeit hat, hat Liebe und Verständnis, sieht tiefer und kann die Wunden im eigenen Geist heilen.

Lebendiger Buddha, lebendiger Christus

Achtsamkeit ist die Substanz eines Buddhas.

Lebendiger Buddha, lebendiger Christus

Wenn wir achtsam leben und auf alles, was wir tun, das Licht unserer Achtsamkeit fallen lassen, kommen wir in Berührung mit dem Buddha, und unsere Achtsamkeit nimmt zu.

Lebendiger Buddha, lebendiger Christus

Mit der Energie der Achtsamkeit können wir Dinge beruhigen, uns Klarheit über sie verschaffen und die Harmonie zwischen widerstreitenden Elementen in uns wiederherstellen.

Lebendiger Buddha, lebendiger Christus

Wenn unsere Achtsamkeit diejenigen einschließt, die wir lieben, werden sie wie Blumen aufblühen.

Lebendiger Buddha, lebendiger Christus

Achtsamkeit lindert Leiden, weil sie von Verständnis und Mitgefühl erfüllt ist.

Lebendiger Buddha, lebendiger Christus

Wenn Achtsamkeit in Ihnen ist, dann ist der Heilige Geist in Ihnen, und Ihre Freunde werden dies nicht nur an Ihren Worten, sondern an Ihrem ganzen Wesen wahrnehmen.

Lebendiger Buddha, lebendiger Christus

Achtsames Essen ist eine wichtige Übung. Sie nährt unsere Bewußtheit. Auch Kinder können sehr gut mit uns üben.

Lebendiger Buddha, lebendiger Christus

Wer in Achtsamkeit lebt, weiß, daß jeder Augenblick ein Augenblick der Erneuerung is

Lebendiger Buddha, lebendiger Christus

Unser Körper ist die Fortsetzung des Körpers des Buddhas. Unser Mitgefühl und unser Verständnis sind das Mitgefühl und das Verständnis Jesu. Waches Bewußtsein ist der Buddha in Person. Wenn wir achtsam leben, begegnen wir dem Buddha und Jesus Christus die ganze Zeit.

Lebendiger Buddha, lebendiger Christus

Wenn man eine Tasse Tee in voller Achtsamkeit trinkt, berührt man die Gesamtheit der Zeit. Zu meditieren, ein Leben des Gebets zu führen, heißt, jeden Augenblick des Lebens intensiv zu leben. Durch Meditation und Gebet erkennt man, daß Wellen nur aus Wasser bestehen, daß die historische und letzte Dimension eins sind.

Lebendiger Buddha, lebendiger Christus

Ist man [...] bei allem, was man tut, mit voller Achtsamkeit dabei, so kann man unmittelbar in die Welt des Zen eintreten, auch wenn man überhaupt nichts anderes tut als alle anderen Menschen auch.

Schlüssel zum Zen

[**W**ir] wissen [...] sehr wohl, daß unsere tägliche Übung eines achtsamen Lebens uns Freude und Frieden gebracht hat, weshalb wir in unsere Übung Vertrauen haben. Dies ist eine Art Erfahrungsvertrauen. Dies kann uns niemand nehmen, weil wir die Wirklichkeit gekostet haben. Diese Art von Vertrauen gibt uns wirkliche Kraft.

Lebendiger Buddha, lebendiger Christus

Wenn du am Morgen dein Gesicht wäschst, könntest du deine Augen berühren, ohne dir dessen bewußt zu sein. Vielleicht denkst du an ganz andere Dinge. Wenn du aber dein Gesicht mit Achtsamkeit wäschst und dir bewußt wird, daß du Augen hast, die sehen können, daß das Wasser von weit her geleitet wird, damit du dein Gesicht waschen kannst, wird dein Waschen viel bedeutungsvoller sein.

Ein Lotos erblüht im Herzen

Das leise Schließen einer Tür ist nicht an sich ein tugendhafter Akt, aber das Achten auf das Schließen der Tür ist ein Ausdruck wirklichen Übens. [...] Es heißt, im Buddhismus gebe es neunzigtausend „behutsame Verrichtungen", die man einüben müsse. Alle diese Gesten und Akte sind Ausdruck des Vorhandenseins der Achtsamkeit. Alles, was wir mit Achtsamkeit sagen, denken oder tun, wird beschrieben als etwas, „das den Geschmack des Zen" an sich hat.

Schlüssel zum Zen

In seine eigene Natur blicken zu können, ist nicht die Frucht langen Studierens oder Forschens. Es handelt sich vielmehr um eine tiefe Einsicht, die sich daraus ergibt, daß man im Herzen der Wirklichkeit, nämlich in vollkommener Achtsamkeit, lebt.

Schlüssel zum Zen

Worte zu unserem Tun

Wir schauen in unsere eigene Natur, indem wir Licht in jede Handlung unseres Daseins bringen, nämlich auf solche Weise leben, daß wir die ganze Zeit voll achtsam sind. Wenn wir an der Zypresse im Klosterhof vorbeigehen, müssen wir sie wirklich sehen. Würden wir nicht einmal die Zypresse in unserem eigenen Garten sehen – wie könnten wir da erwarten, je in unsere eigene Natur hineinsehen zu können?

Schlüssel zum Zen

Der Zen-Buddhismus hält Abstraktionen und Symbole für unwichtig. Was zählt, ist einzig die Wirklichkeit selbst, das Erwachen, die Achtsamkeit.

Schlüssel zum Zen

Durch Achtsamkeit sind wir uns bewußt, was in unserem Körper, in unseren Gefühlen, in unserem Geist und in der Welt vor sich geht, und wir werden uns selbst und anderen keinen Schaden mehr zufügen. Achtsamkeit schützt uns selbst, unsere Familie und unsere Gesellschaft, und sie gewährleistet eine sichere und glückliche Gegenwart ebenso wie eine sichere und glückliche Zukunft.

Die fünf Pfeiler der Weisheit

Sprache kann schöpferisch oder zerstörerisch sein. Achtsames Sprechen kann wahres Glück bringen; unachtsames Sprechen kann töten.

Die fünf Pfeiler der Weisheit

Das Üben der Achtsamkeit befähigt uns, ein wirklicher Mensch zu werden. Wenn wir das sind, erblicken wir wirkliche Menschen um uns herum, und das Leben ist in seiner ganzen Fülle gegenwärtig. Ein Stück Brot, eine Mandarine, einen Keks zu essen, ist dieselbe Übung.

Wenn wir atmen, wenn wir achtsam sind, wenn wir unser Essen meditativ betrachten, wird das Leben genau in diesem Augenblick wirklich. Das Ritual des Abendmahls ist für mich eine wundervolle Übung der Achtsamkeit. Jesus versuchte ganz energisch, seine Jünger wachzurütteln.

Ich pflanze ein Lächeln

Der Summton, der im Auto losgeht, wenn du vergessen hast, den Gurt anzulegen, ist eine Glocke der Achtsamkeit. Selbst etwas – scheinbar – Nichtklingendes wie die Sonnenstrahlen, die durchs Fenster fallen, sind Glocken der Achtsamkeit, die uns daran erinnern, zu uns selbst zurückzukehren und zu atmen, zu lächeln und ganz im gegenwärtigen Moment zu leben.

Ich pflanze ein Lächeln

Es gibt so viele genußreiche Dinge, aber ohne die Übung der Achtsamkeit wissen wir sie kaum zu schätzen. Wenn wir Achtsamkeit üben, beginnen wir, diese Dinge in Ehren zu halten, und lernen, wie wir sie bewahren können. Wenn wir uns gut auf den gegenwärtigen Moment einlassen, sorgen wir gleichzeitig auch für die Zukunft.

Ich pflanze ein Lächeln

Gehmeditation zu üben, bedeutet, ein Leben in Achtsamkeit zu üben. Achtsamkeit und Erleuchtung sind eins.

Der Geruch von frischgeschnittenem Gras

Achtsamkeit ist keine Richterin! Sie ist eher wie eine ältere Schwester, die sich liebevoll und fürsorglich um ihre jüngere Schwester kümmert und ihr Ruhe gibt. Wir können uns auf den Atem konzentrieren, damit die Achtsamkeit erhalten bleibt und wir uns ganz erkennen.

Ich pflanze ein Lächeln

Wir müssen uns der wahren Probleme der Welt bewußt sein. Dann werden wir in der Achtsamkeit wissen, was zu tun und zu lassen ist, damit wir eine Hilfe sind. Bewahren wir selbst in schwierigen Situationen die Bewußtheit unseres Atmens und üben wir weiter das Lächeln, wird die Art, wie wir handeln, vielen Menschen, Tieren und Pflanzen zugute kommen.

Ich pflanze ein Lächeln

Wenn wir uns keine Gedanken darüber machen, ob etwas ein Kunstwerk ist oder nicht, wenn wir jeden Augenblick gelassen und achtsam handeln, ist jede Minute unseres Lebens ein Kunstwerk.

Ich pflanze ein Lächeln

Es gibt keine Erleuchtung außerhalb des alltäglichen Lebens.

Der Geruch von frischgeschnittenem Gras

Die Übung der Gehmeditation hilft uns, unsere Augen zu öffnen für die vielen Wunder des Universums. Sie verwandelt unsere Erde in das „Reine Land". Sie hilft uns, Ärger und Sorgen fallenzulassen, und bringt uns Frieden. Aber Gehmeditation hilft uns auch, das Leiden in der Welt wahrzunehmen.

Der Geruch von frischgeschnittenem Gras

II

DAS WUNDER, AUF DER ERDE ZU GEHEN

Worte zu unserem Körper

DAS WUNDER, AUF DER ERDE ZU GEHEN

Das Wunder besteht nicht darin, in dünner Luft oder auf Wasser zu wandeln, sondern auf der Erde zu gehen. Die Erde ist so schön. Und wir selbst sind auch schön. Wir können uns erlauben, achtsam zu gehen, mit jedem Schritt unsere wundervolle Mutter Erde zu berühren.

Ein Lotos erblüht im Herzen

Die Erde, unsere Mutter, hat uns viele Male das Leben geschenkt und uns jedesmal zurück in ihre Arme genommen. Sie weiß alles über uns, und dies ist der Grund, warum der Buddha sie als Zeugin gerufen hat. Sie erschien in Gestalt einer Göttin, die dem Buddha Blumen, Blätter, Früchte und Duftstoffe darbot.

Ein Lotos erblüht im Herzen

Die Erde ist erfüllt von Liebe zu uns und von Geduld. Wann immer sie uns leiden sieht, wird sie uns beschützen. Mit der Erde als Zuflucht brauchen wir nichts zu fürchten, selbst das Sterben nicht. Schreiten wir achtsam über die Erde, werden wir von den Bäumen, den Büschen, den Blumen und dem Sonnenschein genährt. Die Erde zu berühren, ist eine tiefgreifende Übung, die unseren Frieden und unsere Freude wiederherstellen kann. Wir sind Kinder der Erde. Wir verlassen uns auf die Erde, und die Erde verläßt sich auf uns. Ob die Erde schön, belebend und grün oder öde und ausgedörrt ist, hängt von unserer Gehweise ab. Bitte berühre die Erde mit Achtsamkeit, mit Freude und Konzentration. Die Erde wird dich heilen, und du wirst die Erde heilen.

Ein Lotos erblüht im Herzen

Wenn wir Menschen, Tiere, Pflanzen und Mineralien schützen, wissen wir, daß wir damit uns selbst schützen. Wir fühlen uns in dauerndem, liebevollem Kontakt mit allen Lebensformen auf der Erde. Wir sind geschützt durch die Achtsamkeit [...].

Die fünf Pfeiler der Weisheit

Nimm bewußt wahr, wie deine Füße die Erde berühren. Geh so, als würdest du die Erde mit deinen Füßen küssen. Wir haben der Erde viel Schaden zugefügt. Jetzt ist es an der Zeit für uns, gut für sie zu sorgen.

Ich pflanze ein Lächeln

Massierst du die Mutter Erde jedesmal, wenn dein Fuß sie berührt? Pflanzt du Samen der Freude und des Friedens? Ich versuche mit jedem Schritt, genau das zu tun, und ich weiß, unsere Mutter Erde weiß das sehr zu schätzen.

Ich pflanze ein Lächeln

Beim Gehen bringen wir unsere Aufmerksamkeit in unsere Füße. Wir atmen, als ob wir von unseren Fußsohlen her atmen würden. Wir verweilen nicht in der Sphäre unserer Gedanken und Empfindungen.

Ein Lotos erblüht im Herzen

Worte zu unserem Körper

Jeder Schritt prägt deinen Frieden, deine Entspanntheit in die Erdoberfläche. So wird die Erde, auf der du gehst, geheiligt.

Der Geruch von frischgeschnittenem Gras

Friedliche und entspannte Schritte auf dieser Erde zu machen, das ist ein Wunder. Einige Leute meinen, daß nur das Laufen auf brennenden Kohlen, auf Nägeln oder auf Wasser als Wunder bezeichnet werden kann. Aber ich glaube, daß das Laufen auf der Erde schon ein Wunder ist.

Der Geruch von frischgeschnittenem Gras

Jeder Schritt läßt eine Blüte unter unseren Füßen aufleuchten.

Ich pflanze ein Lächeln

Versuch einmal, wie ein spielendes Kind mit nur einem Fuß auf der Erde zu stehen. Du kannst dann unter deinem Fuß die ganze runde Erde sehen. Während du gehst, kannst du auch deinen Blick senken und den Boden klar vor dir sehen, auf den du deinen Fuß setzen willst. Gehst du achtsam auf diesem Boden, so bist du dir zur selben Zeit der Erde und deines Fußes bewußt.

Der Geruch von frischgeschnittenem Gras

Manchmal denke ich, daß unsere Art zu gehen, zu stehen, zu sitzen und die Dinge zu betrachten, Auswirkungen hat auf die Tier- und Pflanzenwelt. Wieviele Tier- und Pflanzenarten sind schon ausgestorben durch die Schäden, die wir unserem Lebensraum zugefügt haben. Diese Lebensbedingungen kehren sich nun gegen uns. Das verseuchte Trinkwasser und die schlechte Luft haben begonnen, menschlichen Wesen zu schaden.

Der Geruch von frischgeschnittenem Gras

Worte zu unserem Körper

Wir im Westen sind recht zielorientiert. Wir wissen, wohin wir gehen wollen, und sind sehr darauf aus, dorthin zu gelangen. Das mag nützlich sein, doch unterwegs vergessen wir oft genug, daß es auch Spaß machen könnte.

Ich pflanze ein Lächeln

Wenn wir ständig über die Zukunft nachdenken und was wir verwirklichen wollen, geraten wir aus dem Schritt.

Ich pflanze ein Lächeln

Wir Menschen gleichen Schlafwandlern; wir wissen nicht, was wir tun, noch wo wir hinsteuern. Ob Menschen noch erwachen können oder nicht, hängt davon ab, ob jeder von uns gewissenhafte und achtsame Schritte machen kann. Darum hängt die Zukunft der Menschheit, ebenso wie die Zukunft aller Lebewesen hier auf der Erde, von deinen Schritten ab.

Der Geruch von frischgeschnittenem Gras

Wir gehen zwar die ganze Zeit, aber unser Gehen gleicht gewöhnlich mehr einem Rennen. Wenn wir so gehen, hinterlassen wir Spuren der Angst und des Kummers auf der Erde. Wir müssen auf eine Weise gehen, die nur Spuren des Friedens und der Klarheit auf der Erde hinterläßt. Wenn wir das wirklich wollen, sind wir auch dazu fähig. Jedes Kind kann es. Wenn wir einen Schritt auf diese Weise tun können, sind wir auch in der Lage, zwei, drei, vier oder fünf zu gehen. Wenn es uns gelingt, einen Schritt friedvoll und glücklich zu tun, setzen wir uns für die Sache des Friedens und des Glücks der ganzen Menschheit ein.

Ich pflanze ein Lächeln

Jeder Schritt, den wir tun, bringt einen kühlen Windhauch, der Körper und Geist erfrischt.

Ich pflanze ein Lächeln

Worte zu unserem Körper

Wenn man mit jedem Teil des Körpers achtsam in Kontakt tritt, schafft man Frieden mit seinem Körper [...].

Lebendiger Buddha, lebendiger Christus

Betrachten wir beim Baden oder Duschen unseren Körper genau, sehen wir, daß er ein Geschenk unserer Eltern und deren Eltern ist. Während wir die einzelnen Teile unseres Körpers waschen, können wir über die Natur des Körpers und des Lebens meditieren und uns fragen: „Wem gehört dieser Körper? Wer hat mir diesen Körper gegeben? Was ist dabei gegeben worden?"

Ich pflanze ein Lächeln

Das Bewußtsein erhält den Körper, und der Körper erhält das Bewußtsein.

Und ich blühe wie die Blume ...

Die Lunge, das Herz und die Leber arbeiten jahrzehntelang sehr schwer, aber wie oft nehmen wir uns die Zeit, ihnen Aufmerksamkeit zu zollen oder Mitgefühl zu erweisen? Wir übersehen nicht nur, wenn diese Körperteile erschöpft und aus dem Takt sind, sondern häufig behandeln wir sie auch noch auf brutalste Weise und schwächen sie zusätzlich.

Und ich blühe wie die Blume ...

Wenn man seinen Körper haßt und glaubt, daß er nur eine Quelle des Leidens ist, daß er nur die Wurzeln von Zorn, Haß und Begierde in sich birgt, dann hat man nicht verstanden, daß der eigene Körper der Körper des Buddhas ist, daß der eigene Leib ein Glied des Leibes Christi ist.

Lebendiger Buddha, lebendiger Christus

Ich muß mich um meinen Körper kümmern und ihn so mit Respekt behandeln, wie das Musiker mit ihren Instrumenten tun. Ich wende das Prinzip der Gewaltlosigkeit auf meinen Körper an, weil er nicht bloß ein Werkzeug ist, mit dessen Hilfe ich irgend etwas erreichen will. Er selbst ist schon Ziel.

Ich pflanze ein Lächeln

Wenn wir unserem Herzen Achtsamkeit entgegenbringen, können wir sehen, daß ein Herz in guter Verfassung ein Element wirklichen Friedens und wirklichen Glücks ist, und wir entschließen uns, in einer Weise zu leben, die unser Herz in guter Verfassung erhält.

Lebendiger Buddha, lebendiger Christus

Indem wir uns [...] mit den verschiedenen Körperteilen in Verbindung setzen, lernen wir unseren Körper kennen und verstehen und finden auf ganz konkrete Weise heraus, wie wir ihm Frieden und Freude bringen können. Der Friede und die Freude unseres Körpers ist nichts anderes als unser eigener Friede, unsere eigene Freude. [...] Wenn wir unseren eigenen Körper nicht lieben, wie können wir dann überhaupt irgend jemanden lieben?

Und ich blühe wie die Blume ...

Den Körper gesund zu erhalten, bedeutet, dem ganzen Kosmos und allen Vorfahren Dankbarkeit zu erweisen und die zukünftigen Generationen nicht zu betrügen.

Die fünf Pfeiler der Weisheit

Wir sind unsere Augen. Wir sind unser Herz. Wir sind unsere Leber. Wenn wir nicht einmal unser eigenes Herz, unsere eigene Leber lieben, wie können wir dann andere Menschen lieben? Liebe zu üben, bedeutet zuallererst, uns selbst Liebe entgegenzubringen – auf unseren Körper zu achten, auf unsere Leber zu achten. Wir berühren uns mit Liebe und Mitgefühl.

Ein Lotos erblüht im Herzen

Worte zu unserem Körper

Unser Herz ist ein Element des Friedens und der Freude, aber wir berühren und schätzen es nicht.

Ein Lotos erblüht im Herzen

Man muß [...] mit seinem Körper [...] in der Welt beten.

Lebendiger Buddha, lebendiger Christus

Unserem Körper wohnt eine heilende Kraft inne.

Ein Lotos erblüht im Herzen

In dem Augenblick, in dem wir uns unseres Herzens wirklich bewußt werden, erfahren wir sofort Trost und Erleichterung.

Lebendiger Buddha, lebendiger Christus

Wenn wir üben, uns beim Einatmen unseres Herzens bewußt zu werden und beim Ausatmen unserem Herzen zuzulächeln, gewinnen wir Einsicht.

Ein Lotos erblüht im Herzen

Unsere Augen sind erquickende, heilende und friedvolle Organe, die uns zu Diensten sind. Wir verschwenden soviel Aufmerksamkeit auf das, was falsch ist; warum nicht das wahrnehmen, was wunderbar und erfrischend ist? Nur selten nehmen wir uns Zeit, unsere Augen wertzuschätzen. Wenn wir unsere Augen mit unseren Händen und unserer Aufmerksamkeit berühren, bemerken wir, daß sie kostbare Juwelen sind – grundlegend für unser Glück.

Ein Lotos erblüht im Herzen

Unsere Augen sind etwas Wunderbares, und doch halten wir sie meist für etwas Selbstverständliches. Sooft wir die Augen aufschlagen, erblicken wir Tausende wunderbarer Formen und Farben. Blinde würden sich im Paradies wähnen, wenn sie ihr Augenlicht wiedererlangen könnten, während wir Sehenden kaum einmal innehalten und uns klarmachen, daß wir schon im Paradies sind. Wenn wir nur einen Augenblick innigen Kontakt mit unseren Augen aufnehmen, dann verspüren wir wirklichen Frieden und wirkliche Freude.

Lebendiger Buddha, lebendiger Christus

Jedes Haar und jede Körperzelle enthält sämtliche notwendigen Informationen, um das ganze Universum zu formen. [...] Jedes Haar auf Ihrem Kopf ist eine Botschaft des Universums.

Und ich blühe wie die Blume ...

Unser Körper ist nicht auf das beschränkt, was sich innerhalb der Grenzen unserer Haut befindet. Er ist viel umfassender. Zu ihm gehört sogar die Luftschicht, die unsere Erde umhüllt: Denn wäre die Atmosphäre auch nur einen Augenblick nicht vorhanden, ginge unser Leben zu Ende.

Ich pflanze ein Lächeln

III

DAS WUNDER DER ROSE

Worte zur Natur

Das Wunder der Rose

Die Natur ist unsere Mutter. Getrennt von ihr werden wir krank.

Ich pflanze ein Lächeln

Wenn wir hinaus in die Natur zu den Bäumen und Blumen gehen, wird uns das Üben leichter fallen.

Ich pflanze ein Lächeln

Wenn man nur aufmerksam genug ist, kann man seine Lehren [die des Buddha] aus der Stimme eines Kieselsteins, eines Blattes oder einer Wolke am Himmel vernehmen.

Lebendiger Buddha, lebendiger Christus

Wir brauchen nur unsere Augen zu öffnen und sehen alle möglichen Formen und Farben – den blauen Himmel, die schönen Hügel, die Bäume, Wolken und Flüsse, die Kinder und Schmetterlinge. Nur dazusitzen und uns dieser Farben und Formen zu erfreuen, kann uns überaus glücklich stimmen.

Ein Lotos erblüht im Herzen

Wenn du Blumen aufstellst, ist es gut, wenn du um jede Blume herum etwas Platz läßt. So kann sie sich selbst mit all ihrer Schönheit und Frische zeigen.

Ein Lotos erblüht im Herzen

Wir alle, Kinder und Erwachsene, sind wie schöne Blumen. Vor allem wenn unsere Augen geschlossen sind, gleichen unsere Augenlider den Blütenblättern der Rose. Unsere Ohren gleichen Purpurwinden, die dem Gesang der Vögel lauschen. Wann immer wir lächeln, formen sich unsere Lippen zu einer schönen Blume. Und unsere Hände bilden eine fünfblättrige Lotosblume.

Ein Lotos erblüht im Herzen

DAS WUNDER DER ROSE

Unsere Freundinnen und Freunde brauchen uns als Blumen. Wenn sie traurig sind und bemerken, wie glücklich wir sind, werden sie wieder zu ihrem eigenen Blumesein zurückkehren und lächeln. So stützen wir einander. Wissen wir, wie unser Blumesein wiederzubeleben ist, erweisen wir der Gemeinschaft einen echten Dienst.

Ein Lotos erblüht im Herzen

[...] **T**atsächlich sind wir Menschen eine Sorte Blumen im Garten aller Erscheinungen.

Und ich blühe wie die Blume ...

Eine schöne Rose, die wir eben geschnitten und in die Vase gestellt haben, ist rein. Sie duftet so gut, so frisch. Ein Abfalleimer ist das Gegenteil. Er riecht unangenehm und ist voller verfaulter Sachen.

Das sieht aber nur beim oberflächlichen Hinschauen so aus. Blicken wir tiefer, erkennen wir, daß die Rose in nur fünf, sechs Tagen Teil des Abfalls sein wird. Wir müssen gar nicht fünf Tage warten, um das zu sehen. Wenn wir einfach nur die Rose betrachten und genau hinschauen, können wir es jetzt schon sehen. Und wenn wir in den Abfalleimer blicken, erkennen wir, daß sein Inhalt in ein paar Monaten in köstliche Gemüse und sogar eine Rose umgewandelt sein kann. Wenn du gut biologisch gärtnerst und die Rose ansiehst, kannst du schon den Abfall erkennen, und beim Blick auf den Abfall wirst du eine Rose sehen. Rosen und Abfall – ein Zusammensein. Ohne Rose keinen Abfall, und ohne Abfall können wir keine Rose haben. Wie sie einander brauchen! Rose und Abfall sind gleichwertig. Der Abfall ist so wertvoll wie die Rose.

Ich pflanze ein Lächeln

Mahakashyapa gelangte dank der Blume und seines tiefen Schauens zum Erwachen.

Schlüssel zum Zen

Wenn wir tief in uns selbst hineinblicken, sehen wir sowohl Blumen als auch Abfall. Jeder von uns trägt Ärger, Haß, Depression, Rassendiskriminierung und viele andere Arten von Abfall in sich, doch besteht kein Grund zur Furcht. Wie der Gärtner es versteht, Kompost in Blumen zu verwandeln, so können auch wir die Kunst erlernen, Ärger, Depression und Rassendiskriminierung in Liebe und Verständnis umzuwandeln. Dies bewirkt die Meditation.

Ein Lotos erblüht im Herzen

Eine Blume braucht nichts zu tun, um dienlich zu sein – lediglich Blume muß sie sein. Dies allein ist ausreichend. Ein einziger Mensch genügt – wenn er oder sie ein wahrer Mensch ist –, um der ganzen Welt Freude zu bringen.

Ein Lotos erblüht im Herzen

Worte zur Natur

Wenn wir sehen wollen, müssen wir die Dinge genau anschauen. Ein Schwimmer, der das klare Wasser der Flusses genießt, sollte auch fähig sein, der Fluß zu sein.

Ich pflanze ein Lächeln

Wenn man nur Wellen sieht, entgeht einem vielleicht das Wasser. Wenn man aber achtsam ist, wird man auch das Wasser in den Wellen berühren können. Wenn man gelernt hat, das Wasser zu berühren, ist das Kommen und Gehen der Wellen nicht mehr wichtig. Man interessiert sich nicht mehr für Geburt und Tod der Welle. Man ängstigt sich nicht mehr. Man beunruhigt sich nicht mehr wegen des Anfangs oder des Endes der Welle, oder weil eine Welle höher oder tiefer, schön oder weniger schön ist. Man kann sich von diesen Gedanken lösen, weil man bereits das Wasser berührt hat.

Lebendiger Buddha, lebendiger Christus

DAS WUNDER DER ROSE

Diese Welt von Geburt und Tod, diese Welt der Zitronen- und Ahornbäume *ist die Welt der Wirklichkeit als solcher*. Es gibt keine Wirklichkeit, die außerhalb der Zitronen- und Ahornbäume existieren würde. Das Meer ist entweder ruhig oder stürmisch. Will man eine ruhige See, so kann man sie nicht bekommen, indem man die stürmische See verdrängt. Man muß warten, bis dieses selbe Meer wieder ruhig wird. Die Welt des Wirklichen ist die Welt der Zitronen- und Ahornbäume, der Berge und Flüsse. Wenn man sie wirklich *sieht*, ist sie in ihrer vollständigen Wirklichkeit anwesend. Wenn man sie nicht wirklich sieht, bleibt sie eine geisterhafte, begriffliche Welt, die von Geburt und Tod geprägte Welt.

Schlüssel zum Zen

Nur ein Tropfen vom Wasser des Mitgefühls, und der Frühling kehrt auf unsere große Erde zurück.

Die fünf Pfeiler der Weisheit

Worte zur Natur

Stellen Sie sich den Ozean mit seinen unzähligen Wellen vor. Einerseits können wir erkennen, daß alle Wellen geboren werden und sterben, seien es kleine oder große, tiefe oder hohe. Wenn wir in ihr Wesen schauen, erkennen wir, daß die Wellen vergänglich sind und ohne Selbst. Wenn wir jedoch noch tiefer schauen, erkennen wir, daß die Wellen auch Wasser sind. In dem Augenblick, in dem die Welle erkennt, daß sie Wasser ist, verliert sie alle Angst vor Tod, Vergänglichkeit und Nicht-Selbst. Wasser ist gleichzeitig Welle und Nicht-Welle, Wellen aber sind immer nur Wasser. Merkmale wie groß oder klein, hoch oder niedrig, Anfang oder Ende kann man auf Wellen anwenden, das Wasser aber ist frei von solchen Unterscheidungen.

Die fünf Pfeiler der Weisheit

Einen Baum zu berühren, schenkt uns selbst wie auch dem Baum große Freude. Bäume sind schön, belebend und fest. Wann immer du einen Baum umarmen möchtest, wird er sich nicht widersetzen. Du kannst dich auf Bäume verlassen.

Ein Lotos erblüht im Herzen

Stelle dir einen Baum im Sturm vor. An der Spitze des Baumes schwingen die Blätter und kleinen Äste heftig hin und her. Der Baum sieht verwundbar aus, fast zerbrechlich, er scheint jederzeit umknicken zu können. Wenn du aber auf den Stamm schaust, wirst du sehen, daß der Baum stabil ist. Und blickst du unten auf sein Wurzelwerk, wirst du erkennen, daß der Baum tief und fest in der Erde wurzelt. Der Baum ist ziemlich kräftig. Er kann dem Sturm widerstehen. Wir selbst sind auch eine Art Baum. Unser Stamm, unser Zentrum, liegt knapp unterhalb des Nabels.

Ein Lotos erblüht im Herzen

Worte zur Natur

Vor Jahren hatte ich drei prächtige Zedern gepflanzt, eine Sorte aus dem Himalaya. Die Bäume sind jetzt sehr groß, und während der Meditation im Gehen hielt ich gewöhnlich inne, umarmte die schönen Zedern und atmete ein und aus. Die Zedern reagierten jedesmal auf meine Umarmung, da bin ich mir ganz sicher.

Ich pflanze ein Lächeln

Wenn man die Zypresse nicht sieht, dann deshalb, weil man nicht imstande ist, aus der Zypresse *eine neue Zypresse für sich selbst* zu machen – die lebendige, wirkliche Zypresse –, und weil man sich damit begnügt, sich auf die Suche nach dem bloßen Bild der Zypresse eines anderen zu machen.

Schlüssel zum Zen

An einem Herbsttag war ich in einem Park versunken in die Betrachtung eines sehr kleinen, schönen Blattes, das wie ein Herz geformt war. Es war fast schon rot gefärbt und hing kaum noch am Zweig, kurz davor abzufallen. Ich verbrachte eine lange Zeit mit ihm und richtete eine Reihe Fragen an das Blatt. Ich fand heraus, daß es für den Baum wie eine Mutter gewesen war. Gewöhnlich nehmen wir an, der Baum sei die Mutter und die Blätter wären nur Kinder, aber als ich das Blatt ansah, erkannte ich, daß auch das Blatt eine Mutter für den Baum ist. Der Saft, den die Wurzeln nach oben schicken, enthält nur Wasser und Mineralstoffe, die für die Ernährung des Baumes nicht ausreichen. Der Baum verteilt den Saft zu den Blättern, und sie verwandeln den rohen Saft in einen ausgereiften und schicken ihn mit Hilfe von Sonnenlicht und Gas zurück, um den Baum zu ernähren. Daher ist das Blatt auch wie eine Mutter für den Baum. [...]

Ich fragte das Blatt, ob es Angst hätte, denn es war Herbst, und die anderen Blätter fielen ab. Das Blatt sagte mir: „Nein. Während des ganzen Frühlings und Sommers war ich vollkommen lebendig. Ich arbeitete schwer, half mit, den Baum zu ernähren, und jetzt befindet sich viel von mir im Baum. Ich bin nicht auf diese Form begrenzt. Ich bin auch der ganze Baum, und wenn ich zum Erdboden zurückkehre, werde ich den Baum weiter ernähren. Ich mache mir also keine Sorgen. Wenn ich diesen Zweig verlasse und zum Boden schwebe, werde ich dem Baum zuwinken und ihm sagen: ‚Ich sehe dich schon bald wieder.'"

An jenem Tag wehte der Wind, und nach einer Weile sah ich das Blatt den Zweig verlassen und zum Erdboden niederschweben. Es tanzte fröhlich, denn im Schweben sah es sich schon dort im Baum. Es war so glücklich. Ich neigte meinen Kopf und wußte, daß ich von dem Blatt eine Menge zu lernen hatte.

Ich pflanze ein Lächeln

Einmal gab ich ein paar Kindern einen Korb voll Mandarinen. Er wurde herumgereicht, und jedes Kind nahm eine Frucht und hielt sie in der Hand. Wir sahen uns alle unsere Mandarine an, und die Kinder wurden gebeten, über den Ursprung der Frucht zu meditieren. Sie sahen nicht bloß ihre Mandarine, sondern auch die Mutter, den Mandarinenbaum. Mit ein wenig Anleitung begannen sie, sich die Blüten in Sonnenschein und Regen zu vergegenwärtigen. Dann sahen sie die Blütenblätter fallen und die winzigen grünen Früchte erscheinen. Sonnenschein und Regen wechselten sich ab, und die winzige Mandarine wuchs. Jetzt hatte sie jemand gepflückt, und sie war hier. Als die Kinder das gesehen hatten, wurden sie gebeten, die Frucht langsam zu schälen und auf den feinen Sprühregen und den Duft der Mandarine zu achten. Dann konnten sie sie zum Mund führen, achtsam hineinbeißen und ganz bewußt Beschaffenheit und Geschmack der Frucht wahrnehmen, den Saft, der herauslief. So aßen wir langsam.

Jedesmal wenn du eine Mandarine betrachtest, kannst du tief in sie hineinblicken. Du kannst das ganze Universum in einer Mandarine entdecken. Du schälst sie, und du riechst sie, und das ist wunderbar. Du kannst dir Zeit lassen, wenn du eine Mandarine ißt, und sehr glücklich sein.

Ich pflanze ein Lächeln

Schau dir das gewaltige Licht an, das wir Sonne nennen! Würde es nicht mehr leuchten, wäre der Strom unseres Lebens ebenfalls an ein Ende gekommen. Die Sonne ist also unser zweites Herz, ein Herz außerhalb unseres Körpers.

Ich pflanze ein Lächeln

Wenn wir die Beständigkeit des Sonnenscheins, der Luft und der Bäume betrachten, wissen wir, daß wir uns darauf verlassen können, daß die Sonne jeden Tag aufgeht und die Luft und die Bäume auch morgen noch da sein werden.

Lebendiger Buddha, lebendiger Christus

Das Sonnenlicht scheint nicht viel zu tun: Es scheint nur einfach auf die Pflanzen und verwandelt trotzdem alles. Mohnblüten schließen sich, wenn es dunkel wird, doch scheint die Sonne ein oder zwei Stunden auf sie, öffnen sie sich wieder. Die Sonne dringt in die Blüten ein, und an einem gewissen Punkt können sie nicht widerstehen und müssen sich einfach öffnen. Üben wir die Achtsamkeit stetig, wird sie auf gleiche Weise eine Art Verwandlung in der Blüte unserer Wut hervorrufen [...].

Ich pflanze ein Lächeln

In einem winzigen Getreidekorn ist das von früheren Generationen weitergegebene Wissen, wie das Sprossen abläuft, wie Blätter, Blüten und Getreideähren zu bilden sind.

Ich pflanze ein Lächeln

[**M**an kann] im April in der Gegend um Plum Village, unsere Gemeinschaft in Südwestfrankreich, keine Sonnenblumen sehen, so daß man behaupten könnte, daß es hier keine Sonnenblumen gibt. Die Bauern der Gegend haben aber bereits Tausende von Samen ausgesät, und wenn sie auf den nackten Boden blicken, sehen sie die Sonnenblumen schon. Die Sonnenblumen sind da. Es fehlen ihnen nur die Bedingungen Sonne, Wärme, Regen und Juli. Daß man sie nicht sehen kann, bedeutet nicht, daß es sie nicht gäbe.

Lebendiger Buddha, lebendiger Christus

Die Natur zu schützen bedeutet gleichzeitig, die Menschheit zu schützen. Um das Leben zu schützen, müssen wir die Umwelt und die ganze Erde – Luft, Berge, Wälder, Gewässer, Flüsse, Seen, Ozeane – schützen.

Die fünf Pfeiler der Weisheit

Wenn du Salat pflanzt und er wächst nicht so recht, wirst du nicht dem Salat die Schuld geben. Du suchst nach den Gründen, warum er nicht so richtig kommt. Mag sein, daß er Dünger oder mehr Wasser oder weniger Sonne braucht. Dem Salat wirst du nie die Schuld geben. Wenn wir Schwierigkeiten mit unseren Freunden oder unserer Familie haben, geben wir den anderen die Schuld. Wenn wir aber wissen, wie wir uns um sie kümmern können, werden sie wie der Salat gut wachsen.

Ich pflanze ein Lächeln

Wir müssen nicht nur Menschenleben respektieren, sondern auch das Leben der Tiere, Pflanzen und Minerale. Steine können lebendig sein. Ein Stein kann getötet werden. Die Erde ebenso. Die Zerstörung unserer Gesundheit durch die Verschmutzung von Luft und Wasser hängt mit der Zerstörung der mineralischen Welt zusammen. Wie wir Ackerbau betreiben, wie wir mit unserem Müll umgehen, all das ist miteinander verknüpft.

Ich pflanze ein Lächeln

Worte zur Natur

Wenn wir Menschen, Tiere, Pflanzen und Mineralien schützen, wissen wir, daß wir damit uns selbst schützen. Wir fühlen uns in dauerndem, liebevollem Kontrakt mit allen Lebensformen auf der Erde.

Die fünf Pfeiler der Weisheit

Bist du ein Bergsteiger oder jemand, der gern aufs Land geht oder den grünen Wald genießt, dann weißt du, daß die Wälder, unsere Lungen, außerhalb des Körpers sind. Und doch haben wir durch unser Handeln zugelassen, daß fünf Millionen Quadratkilometer Wald vom sauren Regen vernichtet wurden. Und wir haben Teile der Ozonschicht zerstört, die regelt, wieviel der direkten Sonneneinstrahlung bis zu uns dringt. Wir sind in unserem kleinen Ich gefangen, denken nur an die Bequemlichkeit dieses kleinen Ichs und zerstören dabei unser großes Ich. Wir sollten die Fähigkeit haben, unser wahres Ich zu sein. Das heißt, wir sollten fähig sein, der Fluß zu sein; wir sollten fähig sein, der Wald, die Sonne, die Ozonschicht zu sein. Wir müssen das tun, um Verständnis und Hoffnung für die Zukunft zu entwickeln.

Ich pflanze ein Lächeln

Ökologie sollte Tiefe haben. Sie sollte nicht nur tief, sondern allumfassend sein [...].

Ich pflanze ein Lächeln

IV

DAS WUNDER DES LÄCHELNS

Worte zu Gefühl und Wahrnehmung

Wir sind, was wir fühlen und wahrnehmen.

Ich pflanze ein Lächeln

Unsere Gefühle spielen eine sehr große Rolle, weil sie unser gesamtes Denken und Handeln bestimmen. In uns strömt ein Fluß der Gefühle, in dem jeder Wassertropfen ein anderes Gefühl ist, und jedes Gefühl kann ohne all die anderen gar nicht sein.

Ich pflanze ein Lächeln

Emotionen kommen und gehen, aber wir sind immer da. Wenn wir von Emotionen beherrscht sind, fühlen wir uns sehr unsicher und verletzlich; wir fühlen uns vielleicht sogar in Gefahr, das Leben selbst zu verlieren.

Und ich blühe wie die Blume ...

Unsere schmerzlichen Gefühle sind nichts anderes als wir selbst, oder, genauer gesagt, sie sind ein Teil von uns. Sie zu leugnen, bedeutet, uns selbst zu leugnen. Sobald wir diese Gefühle akzeptieren, fangen wir an, uns friedvoller zu fühlen, und der Schmerz verliert bereits etwas von seiner Intensität. Unseren Schmerz anzulächeln, ist das Weiseste, Intelligenteste und Schönste, was wir tun können. Einen besseren Weg gibt es nicht.

Jedesmal wenn wir ein Gefühl des Schmerzes anerkennen und seine Bekanntschaft machen, kommen wir uns selbst näher.

Und ich blühe wie die Blume ...

Unser Gefühl ist nicht von uns getrennt oder wird nicht bloß von etwas hervorgerufen, was außerhalb unserer selbst ist. Das Gefühl und wir *sind* eins, und für den Augenblick *sind* wir jenes Gefühl. Das Gefühl betäubt oder schreckt uns nicht, und wir müssen es auch nicht bekämpfen. Die Haltung, in der wir uns weder an unsere Gefühle klammern, noch sie ablehnen, ist die des Loslassens [...].

Wenn wir unseren unangenehmen Gefühlen mit Achtsamkeit, Liebe und Gewaltlosigkeit ins Auge blicken, können wir sie in die Art von Energie umwandeln, die gesund für uns ist und uns stärken kann. In der Arbeit der achtsamen Beobachtung können uns die unangenehmen Gefühle vieles erhellen, weil sie uns Einsichten in uns selbst und die Gesellschaft bieten und unser Verständnis vertiefen.

Ich pflanze ein Lächeln

Manche Menschen können mit ihren starken Emotionen nicht umgehen. Wenn sie sehr unter Verzweiflung, Angst oder Haß leiden, glauben sie, ihr Leid ließe sich nur dadurch beenden, daß sie sich das Leben nehmen.

Und ich blühe wie die Blume ...

Wir wollen mit Angst und Befürchtung nicht in Kontakt kommen und ziehen es daher vor, diese Dinge in den Tiefen unseres Bewußtseins schlafen zu lassen. Aus diesem Grund nennt man sie latente Tendenzen (der Begriff *anushaya* bedeutet wörtlich: „mit etwas zusammen im Schlaf liegen"). Aber obwohl diese Tendenzen schlafend in unserem Herzen liegen, verfolgen sie uns doch und beeinflussen insgeheim unser gesamtes Denken, Sprechen und Handeln.

Und ich blühe wie die Blume ...

Der Buddha [...] lehrte, daß wir unsere Ängste und Befürchtungen, statt sie zu unterdrücken, in unser Bewußtsein einladen, sie anerkennen und willkommen heißen sollen. Wenn wir mit der Übung des bewußten Atmens beginnen, entzünden wir die Achtsamkeit in uns. Wenn wir in ihrem sanften Licht einfach die Anwesenheit unserer Ängste akzeptieren und sie anlächeln, wie wir einen alten Freund anlächeln würden, werden sie ganz natürlich etwas von ihrer Kraft verlieren. Wenn sie dann wieder in unser Unterbewußtsein zurückkehren, sind sie bereits ein bißchen schwächer. Wenn wir täglich üben, werden sie immer weiter geschwächt. Wenn unsere Gefühle auf diese Art im Lichte der Achtsamkeit in unserem Bewußtsein zirkulieren, können sie nicht stagnieren, wir sehen in ihre Essenz, und es kann nicht mehr zur Manifestation der vorher erwähnten geistigen und körperlichen Krankheiten kommen. Die latenten Tendenzen sind verwandelt worden.

Und ich blühe wie die Blume ...

Die Achtsamkeit des Atmens trägt entscheidend dazu bei, schmerzliche Gefühle erträglich zu machen. Achtsamkeit erkennt die Gegenwart der Gefühle, anerkennt sie, lindert sie und ermöglicht es, die Betrachtung solange fortzusetzen, bis die Substanz der Blockierung erkannt ist. Achtsamkeit ist der einzige Weg, um Gefühle zu transformieren.

Und ich blühe wie die Blume ...

Worte zu Gefühl und Wahrnehmung

Statt so zu tun, als könnten wir frei über Teile unserer selbst verfügen, sollten wir lieber die Kunst des Umwandelns lernen. Wir können zum Beispiel unsere Wut in etwas Heilsameres verwandeln – etwa in Verständnis. Wir sind nicht auf eine Operation angewiesen, um unsere Wut loszuwerden. Ärgern wir uns über die Wut, haben wir auf einmal doppelten Ärger. Wir brauchen sie nur mit Liebe und Achtsamkeit zu beobachten. Kümmern wir uns auf diese Weise um unsere Wut und versuchen nicht, vor ihr wegzulaufen, wird sie sich verwandeln. So entsteht Frieden! Wenn wir mit uns selbst friedfertig sind, können wir mit unserer Wut Frieden schließen. Wir können auf die gleiche Weise mit Depressionen, Angst, Furcht und allen anderen unangenehmen Gefühlen umgehen.

Ich pflanze ein Lächeln

Wenn wir uns ärgern, sind wir gewöhnlich kaum geneigt, zu uns selbst zurückzufinden. Wir möchten unsere Gedanken auf die Menschen lenken, die uns wütend machen, auf ihre hassenswerten Seiten – Grobheit, Unaufrichtigkeit, Unmenschlichkeit, Bosheit und so weiter. Je mehr wir über sie nachdenken, je länger wir sie anhören oder ansehen, desto heißer lodert unsere Wut. Ihre Unaufrichtigkeit und Abscheulichkeit können wirklich oder eingebildet sein oder übertrieben empfunden werden, doch die Wurzel des Problems ist eigentlich die Wut. Wir müssen zu uns selbst zurückkehren und erst einmal einen Blick in unser Inneres werfen. Am besten hören oder sehen wir uns die Person auch an, die wir für die Ursache unserer Wut halten. Wie ein Feuerwehrmann sollten wir zunächst die Flammen mit Wasser bekämpfen und keine Zeit damit verlieren, diejenigen zu suchen, die das Haus angezündet haben.

Ich pflanze ein Lächeln

Worte zu Gefühl und Wahrnehmung

Der Buddha hat gelehrt, daß das Feuer des Zorns in der Lage ist, alles zu verbrennen, was wir getan haben, um Glück für uns selbst und andere zu schaffen. Es gibt niemanden, der nicht Samen des Zorns in seinem Herzen trägt, und wenn diese Samen täglich genährt werden, wachsen sie sehr schnell und ersticken uns und unsere Nächsten.

Und ich blühe wie die Blume ...

Wut ist ein unangenehmes Gefühl. Sie gleicht einer lodernden Flamme, die unsere Selbstbeherrschung verglühen und uns Dinge sagen oder tun läßt, die wir später bedauern. Wenn jemand wütend ist, können wir deutlich erkennen, daß er oder sie in der Hölle steckt. Die Hölle ist aus Wut und Haß gebaut. Ein Geist frei von Wut ist gelassen, frisch und klug. Das Freisein von Ärger ist die Grundlage wirklichen Glücks, die Grundlage von Liebe und Mitleid.

Ich pflanze ein Lächeln

Das Wunder des Lächelns

Unser Bewußtsein, unser Denken mit seinem Rationalisieren weiß, daß negative Gefühle wie Wut, Angst und Reue weder für uns noch für die Gesellschaft ganz akzeptabel sind, und so findet es Möglichkeiten, sie zu unterdrücken und in ferne Winkel unseres Bewußtseins zu verdrängen, damit sie leichter vergessen werden. Da wir dem Leiden aus dem Weg gehen möchten, schaffen wir uns Abwehrmechanismen, die die Existenz dieser negativen Gefühle leugnen und uns den Eindruck vermitteln, in uns herrsche Frieden. Doch unsere inneren Formationen halten stets nach Möglichkeiten Ausschau, sich in Gestalt von destruktiven Bildern, Gefühlen, Gedanken, Worten oder Verhaltensweisen zu äußern.

Ich pflanze ein Lächeln

Weil unser Geist von der Angst so oft in einen Zustand der Verwirrung geworfen wird, haben wir die Fähigkeit verloren, mit den wunderbaren Dingen des Lebens in Kontakt zu kommen. Es ist, als stünde eine Mauer zwischen uns und dem Reichtum der Welt dort draußen, und wir sind empfindungslos geworden für die heilenden Dinge in der Welt, weil wir sie nicht erreichen können.

Und ich blühe wie die Blume ...

Wenn wir uns dem Gefühl gestellt haben, eins mit ihm werden, es beruhigen und loslassen, können wir einen tiefen Blick auf seine Ursachen werfen, die häufig auf falschen Vorstellungen beruhen. Sobald wir Ursachen und Wesen unserer Gefühle verstehen, beginnen sie sich zu verwandeln.

Ich pflanze ein Lächeln

Wenn wir Menschen verstehen möchten, müssen wir ihre Gefühle fühlen, ihr Leiden miterleben, ihre Freude genießen.

Ich pflanze ein Lächeln

Geh nicht davon aus, das Wissen, das du gegenwärtig besitzt, sei unveränderliche, absolute Wahrheit. [...] Wahrheit findet sich im Leben und nicht bloß in begrifflichem Wissen. Sei bereit, dein ganzes Leben lang zu lernen und die Wirklichkeit in dir und der Welt immerzu wahrzunehmen.

Ich pflanze ein Lächeln

Man ist im Buddhismus der Auffassung, das Wissen sei das größte Hindernis für das Erwachen. Wenn wir in der Falle unseres Wissens sitzen, haben wir keine Möglichkeit mehr, ihr zu entrinnen und das Erwachen zu erfahren.

Schlüssel zum Zen

Wenn wir von etwas glauben, dies sei die absolute Wahrheit, und wenn wir uns daran klammern, dann sind wir nicht mehr für neue Vorstellungen offen. Selbst wenn die Wahrheit in Person an unsere Tür klopft, lassen wir sie

Worte zu Gefühl und Wahrnehmung

nicht herein. Der Zen-Schüler muß sich alle Mühe geben, sich von jedem Verhaftetsein an das Wissen zu lösen und ganz offen zu sein, damit die Wahrheit eintreten kann. [...] Die Wahrheit besteht nicht aus Begriffen. Daher ist es notwendig, unsere Begriffe zu „töten", damit sie der Offenbarung der Wirklichkeit selbst Platz machen.

Schlüssel zum Zen

Wir können das Ungeborene, Unsterbliche, Unanfängliche und Unendliche erfahren, weil es die Wirklichkeit selbst ist. Der Weg zu dieser Erfahrung besteht im Aufgeben unserer Gewohnheit, alles über Begriffe und Vorstellungen wahrzunehmen.

Die fünf Pfeiler der Weisheit

Wenn man eines Tages in die dunkle Nacht des Zweifels gestürzt wird, sind die Bilder und Begriffe, die anfänglich hilfreich waren, keine

Hilfe mehr. Sie decken nur die Ängste und das Leiden zu, das an die Oberfläche zu steigen beginnt.

Lebendiger Buddha, lebendiger Christus

Das Leben und die Beschreibung des Lebens sind zwei grundverschiedene Dinge. Die Wirklichkeit an sich transzendiert alle Beschreibungen und Vorstellungen.

Schlüssel zum Zen

Warum sind die Vorstellungen die Quelle der Irrtümer, die korrigiert werden müssen? Weil die Vorstellung nicht die Wirklichkeit ist.

Schlüssel zum Zen

Wir müssen dem Geist die Möglichkeit geben, sich selbst zu offenbaren. In dem Augenblick, wo wir versuchen, ihn in Begriffe zu fassen, geht er verloren. Das bedeutet: Um

Worte zu Gefühl und Wahrnehmung

ihn wahrnehmen zu können, müssen wir einen anderen Weg als den des begrifflichen Erfassens einschlagen. Der einzige Weg, diesen Geist der Einheit und des Soseins, der auch der wahre Geist genannt wird, wahrzunehmen, ist der, zu uns selbst zurückzukehren und in unsere eigene Natur zu blicken.

Der wahre Geist ist die strahlende Natur des Seins, während der falsche Geist die Fähigkeit des Begriffebildens und Unterscheidens ist. Wenn wir den wahren Geist wahrnehmen, offenbart sich die lebendige Wirklichkeit in ihrer ganzen Fülle. Das ist das erleuchtete Leben des Zen.

Schlüssel zum Zen

Ein Bodhisattva ist fähig, die Natur aller Existenz zu erkennen. Darum hat er keine Furcht mehr und ist frei von der Gier des Festhaltens. Daher kann er mit völligem Gleichmut auf den Wogen von Geburt und Tod reiten.

Und ich blühe wie die Blume ...

Ein Objekt der Wahrnehmung beinhaltet aber in jedem Fall ein Subjekt der Wahrnehmung. Mit Achtsamkeit können wir die Natur der Wirklichkeit klar erkennen. Achtsamkeit, unterstützt durch Konzentration, bewußtes Atmen und tiefe Betrachtung, wird zu einer Kraft, die direkt ins Herz der Dinge vordringen kann. Es handelt sich nicht um Spekulation, nicht um den Gebrauch von Worten und Begriffen, sondern um direktes Hinsehen.

Die fünf Pfeiler der Weisheit

In einem buddhistischen Sutra heißt es, daß wir Formen sehen, wenn die Bedingungen hinreichend sind, und daß wir sie nicht sehen, wenn die Bedingungen nicht hinreichend sind. Wenn alle Bedingungen erfüllt sind, können wir Erscheinungen wahrnehmen, so daß sie uns als existierend offenbart werden. Wenn aber eine dieser Bedingungen nicht erfüllt ist, können wir dieselben Erscheinungen nicht wahrnehmen, so daß sie uns nicht enthüllt werden, und wir sagen, daß es sie nicht gibt. Dies ist aber nicht richtig.

Lebendiger Buddha, lebendiger Christus

Wir verlieren unser Leben, wenn wir uns von der lebendigen Wirklichkeit absetzen und uns nur noch in der Welt begrifflicher Schattenbilder bewegen. Dann sind wir nur noch ein Gespenst, ein Wesen ohne Fleisch und Knochen.

Schlüssel zum Zen

Was wir anhand unserer Begriffe konstruieren, ist nicht die Wirklichkeit. „Diese Blume, die kein Begriff ist, ist wirklich eine Blume." Wir finden hier wieder die Ablehnung des Prinzips eines bleibenden Selbst und der Neigung, die Dinge mittels einer dazwischentretenden Verbegrifflichung zu sehen. Wer sich auf den Weg einlassen will, muß in direkten Kontakt mit der Wirklichkeit treten und darf es nicht zulassen, daß ihn Begriffe von dieser Wirklichkeit trennen. Die Wirklichkeit läßt sich nicht vorstellen, noch läßt sie sich mit Worten beschreiben. *Die Wirklichkeit ist Wirklichkeit, sie ist es nur als solche.*

Schlüssel zum Zen

Warum nun besteht ein so großer Zwiespalt zwischen Wirklichkeit und Begriff? In der Wirklichkeit selbst gibt es keine Unterscheidung. Aber in der Welt der Begriffe ist die „Wirklichkeit" voller Unterscheidungen: Hier wird aufgespalten in Subjekt/Objekt, Selbst/Nicht-Selbst usw. Das ist nicht die echte Wirklichkeit, sondern nur ein irrtümliches Bild der Wirklichkeit.

Schlüssel zum Zen

Die Dinge sind dynamisch und lebendig, während unsere Begriffe statisch sind. Sehen wir uns zum Beispiel einen Tisch an. Wir haben den Eindruck, der Tisch selbst und unser

Begriff davon seien identisch. In Wirklichkeit ist das, was wir für einen Tisch halten, nur unser Begriff. Der Tisch ist etwas ganz anderes. Eine Reihe von Begriffen wie Holz, braun, fest, drei Fuß hoch, alt usw. fügen sich in uns zum Begriff „Tisch" zusammen. Der Tisch ist immer sehr viel mehr als all das. Ein Kernphysiker zum Beispiel könnte uns sagen, der Tisch sei eine Unmenge von Atomen, deren Elektronen wie ein Bienenschwarm umherschwirren, und wenn wir diese Atome eng zusammenpacken könnten, wäre die Masse kleiner als ein Finger unserer Hand. Dieser Tisch ist in Wirklichkeit ständig im Wandel begriffen; sowohl in der Zeit wie im Raum besteht er aus lauter Nicht-Tisch-Elementen. Er hängt so sehr von diesen Elementen ab, daß, würden wir sie ihm entziehen, auch kein Tisch mehr übrigbliebe.

Schlüssel zum Zen

Im Sonnenschein der Bewußtheit werden jeder Gedanke, jedes Tun heilig. In diesem

Licht existiert keine Grenze zwischen dem Heiligen und dem Profanen.

Ich pflanze ein Lächeln

Wenn wir im täglichen Leben lächeln, friedfertig und glücklich sind, hilft das nicht bloß uns, sondern allen. Wenn wir wirklich wissen, was Leben heißt, können wir den Tag kaum besser als mit einem Lächeln beginnen, nicht wahr? Unser Lächeln bestärkt uns in der Bewußtheit und im Entschluß, in Frieden und Freude zu leben. Die Quelle eines wahren Lächelns ist ein erwachter Geist.

Ich pflanze ein Lächeln

Wenn wir nicht lächeln können, können wir anderen Menschen nicht zu einem Lächeln verhelfen.

Ich pflanze ein Lächeln

Du weißt, daß du nicht nur für dich, sondern auch für die anderen Menschen lächelst. Bist du gereizt, werden die anderen deine negative Stimmung aufnehmen. Da du aber bewußt geatmet und gelächelt hast, verweilst du in der Achtsamkeit. Was für ein Glück für die Anrufer, wenn du den Hörer abhebst!

Ich pflanze ein Lächeln

I*ch habe mein Lächeln verloren, aber keine Sorge, der Löwenzahn hat es.*

Solltest du dein Lächeln verloren haben und trotzdem noch bemerken, daß ein Löwenzahn es für dich aufhebt, ist die Lage nicht hoffnungslos. Noch bist du achtsam genug, das Lächeln dort zu sehen. Du brauchst nur ein- oder zweimal bewußt zu atmen, und du wirst dein Lächeln wiedererlangen. Der Löwenzahn gehört zur Gemeinschaft deiner Freunde! Er ist da, recht zuverlässig, und bewahrt dein Lächeln für dich auf. [...] Wie die Freundin, die sah, daß ihr Lächeln vom Löwenzahn aufgehoben wurde, kannst du Bewußtheit einatmen, und dein Lächeln wird zurückkehren.

Ich pflanze ein Lächeln

Wenn man ein Bildnis des Buddhas betrachtet, lächelt er immer. Wenn man achtsam lächelt, erkennt man das Wunder eines Lächelns.

Lebendiger Buddha, lebendiger Christus

Wenn ich jemand lächeln sehe, weiß ich sofort, daß er oder sie in einem erwachten Zustand verweilt. Wie viele Künstler haben sich bemüht, dieses halbe Lächeln auf die Lippen unzähliger Statuen und Bilder zu zaubern? Ich bin sicher, die Gesichter der Bildhauer und Maler zeigten dasselbe Lächeln, als sie ihre Werke schufen. Kannst du dir vorstellen, daß ein schlechtgelaunter Maler solch ein Lächeln schaffen kann? Das Lächeln der Mona Lisa ist leicht, ist nur der Hauch eines Lächelns. Doch selbst dieses Lächeln genügt, um alle Muskeln in unserem Gesicht zu entspannen, um alle Sorgen und die ganze Erschöpfung zu vertreiben. Die zarte Knospe eines Lächelns auf unseren Lippen nährt die Bewußtheit und beruhigt uns wie durch ein Wunder. Es bringt uns den Frieden zurück, den wir verloren glaubten.

Ich pflanze ein Lächeln

Lerne zu gehen, wie ein Buddha geht; zu lächeln, wie ein Buddha lächelt. [...] Dieses ‚Halb-Lächeln' ist nicht nur die Folge von Bewußtheit und Frieden; es ist auch die Kraft, diese zu fördern und zu erhalten. Es ist ein wahres Wunder.

Der Geruch von frischgeschnittenem Gras

V

DAS WUNDER DES FRIEDENS

Worte zum fried- und liebevollen Miteinanderleben

Das Wunder des Friedens

Wir brauchen Harmonie, wir brauchen Frieden. Frieden beruht auf der Achtung vor dem Leben, auf dem Geist der Achtung vor dem Leben.

Ich pflanze ein Lächeln

Der Friede ist nicht bloß ein Ziel. Jeder Schritt, den wir tun, sollte Friede sein [...].

Lebendiger Buddha, lebendiger Christus

Die Fähigkeit, im Frieden mit anderen Menschen und mit der Welt zu leben, hängt sehr weitgehend von der Fähigkeit ab, im Frieden mit sich selbst zu leben.

Lebendiger Buddha, lebendiger Christus

Wenn jemand glücklich und friedvoll ist, strahlen Glück und Frieden auch nach außen und erfreuen andere.

Die fünf Pfeiler der Weisheit

Worte zum fried- und liebevollen Miteinanderleben

Friedensarbeit heißt vor allem Frieden sein.

Ich pflanze ein Lächeln

Um für den Frieden wirken zu können, muß man ein friedfertiges Herz haben.

Lebendiger Buddha, lebendiger Christus

Denn ohne Frieden zu sein, können wir gar nichts für den Frieden tun.

Ich pflanze ein Lächeln

Indem wir so Friedfertigkeit in uns selbst kultivieren, tragen wir den Frieden auch in die Gesellschaft. Es liegt an uns. Frieden in uns selbst zu üben, bedeutet, die Anzahl der Kriege zwischen diesem und jenem Gefühl oder dieser und jener Wahrnehmung zu reduzieren, dann können wir wahren Frieden auch mit anderen finden [...].

Die fünf Pfeiler der Weisheit

Das Wunder des Friedens

Wenn wir jeden Augenblick unseres Alltagslebens Achtsamkeit üben, können wir unseren eigenen Frieden fördern. Mit Klarheit, Entschlossenheit und Geduld – Früchten der Meditation – können wir ein tätiges Leben aufrechterhalten und wahre Werkzeuge des Friedens sein.

Ich pflanze ein Lächeln

Wenn man versucht, Böses durch Böses zu überwinden, arbeitet man nicht für den Frieden.

Lebendiger Buddha, lebendiger Christus

Wie aber kann man seinen Feind lieben? Dazu gibt es nur einen Weg: ihn zu verstehen. Man muß verstehen, warum er so ist, wie er geworden ist, warum er die Dinge anders sieht als man selbst. Einen Menschen zu verstehen, verleiht die Kraft, ihn zu lieben und zu akzeptieren. In dem Augenblick, in dem man ihn liebt und akzeptiert, hört er auf, ein Feind zu sein. Im Grunde ist es unmöglich, seinen „Feind zu lieben", denn in dem Moment, in dem man ihn liebt, ist er kein Feind mehr.

Lebendiger Buddha, lebendiger Christus

Am Frieden zu arbeiten, heißt, den Krieg aus uns selbst und aus den Herzen von Männern und Frauen auszumerzen. [...] Selbst wenn wir alle Bomben auf den Mond befördern würden, wären die Wurzeln des Krieges und die Wurzeln der Bomben immer noch da, nämlich in unseren Köpfen und Herzen, und früher oder später würden wir neue Bomben bauen.

Lebendiger Buddha, lebendiger Christus

Im Buddhismus ist Weisheit (*prajña*) wesentlich für Liebe (*maitri*). Ohne Weisheit kann es keine wahre Liebe geben, und ohne Liebe keine wahre Weisheit.

Lebendiger Buddha, lebendiger Christus

Tatsächlich ist Liebe ein anderer Name für Verstehen.

Ein Lotos erblüht im Herzen

Der Geist der Liebe gibt uns und anderen Frieden, Freude und Glück. Achtsame Betrachtung ist das Element, das den Baum des Verstehens nährt, und die schönsten Blüten sind Mitgefühl und Liebe. Wenn wir den Geist der Liebe verwirklicht haben, müssen wir zu dem gehen, der Gegenstand unserer achtsamen Betrachtung war, damit unser Geist der Liebe nicht nur ein Gegenstand unserer Vorstellungskraft ist, sondern zu einer Quelle der Energie wird, die in der Welt eine reale Wirkung hat.

Ich pflanze ein Lächeln

Die Quelle der Liebe ist in unserer Tiefe, und wir können anderen Menschen helfen, eine Menge Glück zu erleben. Ein Wort, eine

Handlung oder ein Gedanke können das Leiden der anderen verringern und ihnen Freude bringen. Ein Wort kann trösten und Vertrauen schaffen, Zweifel zerstreuen, jemandem helfen, daß er keinen Fehler macht, einen Streit schlichten oder die Tür zur Befreiung öffnen. Eine Handlung kann ein Menschenleben retten oder jemandem helfen, eine seltene Gelegenheit zu nutzen. Ein Gedanke kann dasselbe bewirken, weil Gedanken stets Worte und Taten im Gefolge haben. Wenn in unseren Herzen Liebe ist, können jeder Gedanke, jedes Wort und jede Handlung Wunder bewirken. Da das Verstehen die wahre Grundlage der Liebe ist, sind die Worte und Taten, die aus unserer Liebe hervorgehen, immer eine Hilfe.

Ich pflanze ein Lächeln

Nur mitten im Alltagsleben, in der tatsächlichen Begegnung mit anderen, können wir feststellen, ob unser Geist der Liebe wirklich gegenwärtig ist, und sehen, wie beständig er ist. Ob die Liebe real ist, erweist sich in unserem alltäglichen Leben, in der Art und Weise, wie wir uns den Menschen und der Welt gegenüber verhalten.

Ich pflanze ein Lächeln

Unser Bewußtsein der Vergänglichkeit hält gedankenlose Worte und Handlungen gegenüber unseren Lieben aus unserem Alltag fern. Wir lernen vermeiden, die Menschen, die uns am wichtigsten sind, zu verletzen und Samen des Leidens in uns und in ihnen zu säen.

Und ich blühe wie die Blume ...

Das kostbarste Geschenk, das wir anderen machen können, ist unsere Gegenwart. [...] Wenn man jemanden liebt, aber nur selten für den Betreffenden da ist, ist dies keine wirkliche Liebe.

Lebendiger Buddha, lebendiger Christus

Am besten nutzt man seine Zeit, wenn man großzügig ist und wirklich für andere Menschen da ist. Viele überarbeiten sich heute, selbst wenn sie gar nicht so viel Geld brauchen. [...] Sie drücken ihre Liebe zu anderen dadurch aus, daß sie hart arbeiten, aber wenn sie keine Zeit für die Menschen haben, die sie lieben, wenn sie nicht für sie da sind, wie können sie dann sagen, daß sie sie lieben?

Lebendiger Buddha, lebendiger Christus

Wahre Liebe beinhaltet ein Gefühl der Verantwortung, den anderen Menschen so anzunehmen, wie er oder sie ist, mit allen Stärken und Schwächen. Wenn wir nur die guten Seiten eines Menschen mögen, dann ist es nicht Liebe. Wir müssen seine Schwächen akzeptieren und mit Energie, Geduld und Verständnis dem oder der anderen helfen, sich zu verändern.

Die fünf Pfeiler der Weisheit

Wahre Liebe betrachtet Glück nicht als persönliche Angelegenheit.

Lebendiger Buddha, lebendiger Christus

Die Liebe hat keine Grenzen. Die Liebe endet nie.

Lebendiger Buddha, lebendiger Christus

Wahre Liebe beinhaltet Respekt.

Die fünf Pfeiler der Weisheit

Wenn wir nur an uns denken, wenn wir nur die eigenen Bedürfnisse kennen und über die der anderen hinweggehen, können wir nicht lieben. Wir müssen intensiv hinschauen, um die Bedürfnisse, Bestrebungen und Leiden der Menschen zu sehen und zu verstehen, die wir lieben. Auf diesem Boden gedeiht wahre Liebe.

Ich pflanze ein Lächeln

Worte zum fried- und liebevollen Miteinanderleben

Toleranz und Ruhe sind zwei Merkmale wahrer Liebe.

Und ich blühe wie die Blume ...

Wir üben [...], bis wir klar sehen, daß unsere Liebe nicht davon abhängig ist, ob die anderen Menschen auch liebenswert sind.

Ich pflanze ein Lächeln

Wahre Liebe ist ein Prozeß des Lernens und der Übung, der den Frieden, die Harmonie und das Glück vertieft.

Lebendiger Buddha, lebendiger Christus

Wenn Menschen einander als Brüder und Schwestern akzeptieren und sich zulächeln, ist der Heilige Geist gegenwärtig.

Lebendiger Buddha, lebendiger Christus

Um eine gute Gemeinschaft zu bilden, müssen wir zunächst uns selbst in ein gutes Mitglied der Gemeinschaft verwandeln.

Ich pflanze ein Lächeln

Gebote helfen uns, in Frieden zu leben und zu wissen, was im gegenwärtigen Augenblick zu tun und zu unterlassen ist. Sie sind Schätze, die uns auf einem Weg der Schönheit, Ganzheit und Wahrheit leiten. Sie enthalten die Weisheit unserer spirituellen Traditionen, und wenn wir sie einhalten, wird unser Leben zu einem wahren Ausdruck unseres Glaubens, und unser Wohlbefinden wird zu einer Ermunterung für unsere Freunde und die Gesellschaft.

Unser Glück und das Glück anderer hängt davon ab, daß nicht nur einige wenige Menschen achtsam und verantwortungsvoll werden. Das ganze Volk muß Bewußtheit erlangen. Gebote müssen vom einzelnen und vom ganzen Volk geachtet und praktiziert werden. Wenn so viele Familien zerstört sind, dann ist das Gewebe der Gesellschaft zerrissen. Dies muß sehr intensiv betrachtet werden, um das Wesen dieser Gebote verstehen zu können. Jeder muß mitarbeiten. Wenn unsere Welt eine Zukunft haben soll, dann brauchen wir grundlegende Verhaltensrichtlinien. Diese sind das beste Mittel gegen die Gewalt, die überall herrscht. Die Einhaltung der Gebote hat nichts mit einer Unterdrückung oder Beschränkung unserer Freiheit zu tun. Gebote bieten uns eine wunderbare Möglichkeit zu leben, und wir können sie mit Freude praktizieren. Es geht nicht darum, uns selbst oder andere zur Einhaltung von Regeln zu zwingen.

Lebendiger Buddha, lebendiger Christus

Alles hängt von unserer Betrachtungsweise ab. [...] Durch Einsicht wird man sehr aktiv. Gewaltlosigkeit bedeutet nicht Nichthandeln. Gewaltlosigkeit bedeutet, liebevoll und mitfühlend zu handeln.

Lebendiger Buddha, lebendiger Christus

Entscheidend ist, daß er [Bodhidharma] einen sehr tiefen Einblick in seinen eigenen Geist und in jegliche lebendige Wirklichkeit erlangt hat. Im Zen wird dafür der Ausdruck „in seine eigene Natur blicken" verwendet.

Ist einem diese Erleuchtung zuteil geworden, dann lösen sich im eigenen Inneren alle falschen Ansichten von allein auf. Es entsteht eine neue Sicht der Wirklichkeit, die zu tiefem Frieden, großer Stille und spiritueller Kraft führt; ihr Kennzeichen ist das Fehlen jeglicher Angst.

Schlüssel zum Zen

Wenn wir gegen einen Krieg protestieren, könnten wir glauben, als friedliche Menschen zu handeln, als Repräsentanten des Friedens. Das muß aber durchaus nicht der Wahrheit entsprechen. Wenn wir tiefer schauen, werden wir die Wurzeln des Krieges in der unachtsamen Art unserer bisherigen Lebensführung erkennen.

Die fünf Pfeiler der Weisheit

Worte zum fried- und liebevollen Miteinanderleben

Die Wurzeln des Krieges liegen in unserer ganz alltäglichen Lebensweise – wie wir das Wachstum unserer Industrie vorantreiben, wie wir unsere Gesellschaft gestalten, wie wir Waren konsumieren. Wir müssen uns die Situation genau ansehen, und wir werden die Wurzeln des Krieges entdecken. Wir können die Schuld nicht der einen oder anderen Seite in die Schuhe schieben.

Ich pflanze ein Lächeln

Wenn wir die Realität in zwei Lager spalten – in das der Gewaltsamen und das der Gewaltlosen – und dann aus einer dieser Positionen heraus die andere Seite attackieren, wird die Welt nie Frieden finden. Wir werden immer weiter damit fortfahren, diejenigen zu verurteilen, die wir für verantwortlich für Kriege und Ungerechtigkeit halten, und ihnen die Schuld an allem Übel zuschreiben, ohne je das Ausmaß an Gewalt in uns selbst wahrzunehmen. [...] Friede und Gerechtigkeit können niemals durch unfriedliche Mittel erreicht werden.

Am wichtigsten ist es, Gewaltlosigkeit zu *werden*, damit wir in einer entsprechenden Situation nicht noch mehr Leiden schaffen. [...] Mit Achtsamkeit – der Übung des Friedens – können wir beginnen, die Kriege in unserem Innern zu überwinden, uns zu verwandeln. Dafür gibt es Methoden. Bewußtes Atmen ist eine davon.

Die fünf Pfeiler der Weisheit

Zusammen atmen und ein Lächeln pflanzen, das ist Erziehung zum Frieden.

Ich pflanze ein Lächeln

Versöhnungsarbeit kann sich nicht in bloßer Diplomatie erschöpfen, sie muß konkret werden. Gleichzeitig verliehen wir dem Frieden in unserem Herzen eine Stimme.

Die fünf Pfeiler der Weisheit

Kriege und Bomben sind die Produkte unseres individuellen und kollektiven Bewußtseins. Unser kollektives Bewußtsein enthält viel Gewalt, Angst, Gier und Haß, die als Kriege und Bomben manifest werden können. Die Bomben sind Produkte unserer Angst. [...] Die Bomben zu beseitigen, ist nicht genug. Selbst wenn wir alle Bomben auf einen weit entfernten Planeten bringen könnten, wären wir noch nicht sicher, denn die Wurzeln für Kriege und Waffen wären in unserem kollektiven Bewußtsein immer noch vorhanden. Der wahre Weg, die Wurzeln des Krieges zu beseitigen, besteht darin, die Gifte in unserem kollektiven Bewußtsein zu transformieren. [...]

Meditation darf keine Droge sein, die uns gleichgültig macht gegenüber unseren wahren Problemen. Sie sollte Achtsamkeit in uns schaffen und ebenso in unserer Familie und Gesellschaft. Erleuchtung muß kollektiv geschehen, um Ergebnisse zu zeitigen.

Die fünf Pfeiler der Weisheit

„**U**m gegeneinander kämpfen zu können, malten sich die Küken einer Henne Farben ins Gesicht." Ein in Vietnam geläufiges Sprichwort. [...]

Wann werden die Küken der einen Henne die Farben von ihren Gesichtern entfernen und einsehen, daß sie Brüder und Schwestern sind? Dies ist für uns der einzige Weg, die Gefahr zu beenden, und wir müssen den anderen sagen: „Ich bin dein Bruder. Ich bin deine Schwester. Wir alle sind das Menschengeschlecht, und unser Leben ist eins."

Ich pflanze ein Lächeln

Wir sitzen und meditieren, damit wir leichter Frieden, Freude und Gewaltlosigkeit entwickeln können, und nicht, weil wir uns körperlich überanstrengen oder schaden wollen.

Ich pflanze ein Lächeln

Worte zum fried- und liebevollen Miteinanderleben

Frieden und Glück sind jeden Moment erreichbar. Frieden ist jeder Schritt. Wir werden Hand in Hand gehen.

Ich pflanze ein Lächeln

Wir, die wir mit dem Krieg in Berührung gekommen sind, haben die Pflicht, jenen, die keine direkten Erfahrungen damit gesammelt haben, die Wahrheit darüber zu vermitteln. Wir sind das Licht an der Kerzenspitze. Es ist sehr heiß, aber es besitzt die Kraft, zu strahlen und zu erhellen. [...] Zusammen können wir so verhindern, daß sich die gleichen Schrecken immer wieder aufs neue wiederereignen.

Ein Lotos erblüht im Herzen

Wenn wir wissen, wie wir Frieden *sein* können, entdecken wir, daß die Kunst ein wunderbarer Weg ist, unsere Friedfertigkeit mit anderen zu teilen.

Ich pflanze ein Lächeln

Für den zukünftigen Frieden arbeiten heißt, im gegenwärtigen Moment für den Frieden arbeiten.

Ich pflanze ein Lächeln

Man kann nur helfen, wenn man selbst über dem Konflikt steht.

Die fünf Pfeiler der Weisheit

Gehmeditation ist eine Meditationsübung im Gehen. Sie kann dir Frieden bringen, während du übst. [...] Du solltest gehen wie jemand, der völlige Ruhe hat und gänzlich unbeschäftigt ist. Während du solche Schritte machst, laß alle Sorgen, alle Trauer von dir abfallen. Um voller Frieden zu sein, mußt du fähig werden, so zu gehen.

Es ist gar nicht so schwer, du kannst es. Jeder Mensch kann es, wenn er oder sie wirklich in Frieden sein möchte.

Der Geruch von frischgeschnittenem Gras

Jeder Schritt ist Leben; jeder Schritt ist Frieden.

Der Geruch von frischgeschnittenem Gras

Gehmeditation ist eine Übung, durch die wir zu einem entspannten Gehen zurückfinden. Im Alter von ungefähr anderthalb Jahren begannen wir, unsere ersten, noch schwankenden Schritte zu machen. Wir werden jetzt, in der Übung der Gehmeditation, diese unsicheren, tastenden Schritte wieder machen. Nach ein paar Wochen Praxis können wir dann sicher, natürlich und friedvoll gehen.

Der Geruch von frischgeschnittenem Gras

Geh so, daß du nur Frieden in deinem Fußabdruck hinterläßt. Das ist das Geheimnis der Gehmeditation. Wenn du auf diese Weise gehen willst, mußt du wissen, wie du Kummer und Sorgen loslassen kannst.

Der Geruch von frischgeschnittenem Gras

DAS WUNDER DES FRIEDENS

Um fähig zu sein, in einer friedlichen Welt zu leben, mußt du in der Lage sein, hier auf dieser Erde friedvoll zu gehen.

Der Geruch von frischgeschnittenem Gras

Ich möchte dir gern etwas zuflüstern: Wenn du hier auf der Erde Schritte voller Frieden machen kannst, dann ist es nicht mehr nötig, das „Reine Land" des Buddha oder das „Reich Gottes" zu erreichen.

Der Geruch von frischgeschnittenem Gras

Setze beim Gehen deinen Fuß behutsam, aber doch zuversichtlich auf die Erdoberfläche, so wie ein König sein Siegel auf einen königlichen Erlaß setzt. [...] Eine friedliche Welt hängt davon ab, ob du friedvoll gehen kannst oder nicht. Alles hängt von einem einzigen deiner Schritte ab.

Der Geruch von frischgeschnittenem Gras

Um jedoch Frieden finden zu können, mußt du dir jedem deiner Schritte bewußt sein. Dein Gehen ist deine wichtigste Aktivität. Es entscheidet alles.

Der Geruch von frischgeschnittenem Gras

Ein frischer Windhauch steigt auf von jedem Schritt. Ist das nicht schön? Dieser frische Windhauch ist Freude, Frieden und Freiheit; er bläst alle Sorgen um Leben und Tod hinweg und bringt uns die Frische des Friedens in unseren Geist zurück. Wenn du so gehst, kannst du der Welt helfen.

Der Geruch von frischgeschnittenem Gras

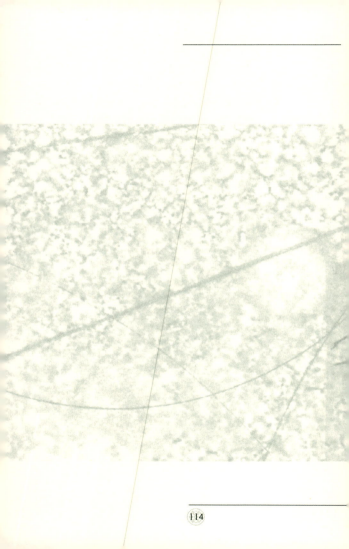

VI

DAS WUNDER DES AUGENBLICKS

Worte zum Einssein

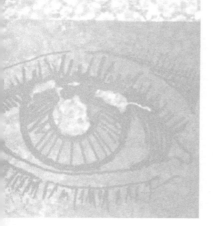

In der buddhistischen Tradition sprechen wir von der Einheit von Körper und Geist. Alles, was dem Körper geschieht, geschieht auch dem Geist. Die Gesundheit des Körpers ist die Gesundheit des Geistes. Die Verletzung des Körpers ist die Verletzung des Geistes. Wenn wir zornig sind, mögen wir glauben, wir sind nur emotional zornig, nicht aber physisch. Das ist falsch. Wenn wir jemanden lieben, dann möchten wir diesem Menschen körperlich nah sein, wenn wir aber einen Zorn auf jemanden haben, dann möchten wir ihn weder berühren noch von ihm berührt werden. Körper und Geist sind also keineswegs getrennt.

Die fünf Pfeiler der Weisheit

In Wahrheit enthält alles, auch alles andere. Wir können nicht einfach sein, wir können nur „inter-sein".

Ich pflanze ein Lächeln

Worte zum Einssein

Das wahre Glück liegt in einem Leben, das von der Einsicht erleuchtet ist, daß alle zusammengehören und miteinander verflochten sind.

Schlüssel zum Zen

Wenn wir anfangen, über Erde, Wasser, Feuer, Luft, Raum und Bewußtsein außerhalb unseres Körpers zu meditieren, kommen wir zu der Erkenntnis, daß diese sechs Elemente das gesamte Universum durchdringen. Allmählich beginnt uns zu dämmern, daß wir und das Universum eins sind. Das Universum ist unsere Basis, und wir sind die Basis des Universums. Das Zusammenfinden und Zerfallen eines Körpers fügt dem Universum weder etwas hinzu, noch nimmt es ihm etwas weg. Die Sonne ist für unseren Körper genauso wesentlich wie unser Herz. Der Wald ist für unseren Körper genauso wesentlich wie die Lunge. Unser Körper ist auf den Fluß ebenso angewiesen wie auf das Blut. Wenn wir fortgesetzt so meditieren, werden wir erkennen, daß wir die Grenzen zwischen „Ich" und „Nicht-Ich" loslassen können. Dadurch überwinden wir die Unterscheidungen zwischen Geburt und Tod, Sein und Nicht-Sein und schließlich jegliche Angst. Gemäß der Lehren vom abhängigen Entstehen kommt das *Eine* zustande durch *alles*, und *alles* ist im *Einen* gegenwärtig. Darum enthält das Erdelement die Elemente Wasser, Feuer, Luft, Raum und Bewußtsein. Das Erdelement kann als das ganze Universum erhaltend erkannt werden.

Und ich blühe wie die Blume ...

[...] das Prinzip des Interseins – das Eine ist das Viele, und die Vielen sind das Eine. Sich gut um sein Baby zu kümmern bedeutet, sich um alles andere zu kümmern. Im *Avatamsaka Sutra* wird der *Dharmadhatu* als eine Welt des Lichts und des Interseins beschrieben. Der Mond ist in mir. Meine Geliebte ist in mir. Jene, die mir Leid zufügen, sind ebenfalls in mir. Unsere Welt der Unterscheidung und des Leidens wird *Lokadhatu* genannt. Es ist eine Welt, in der die Dinge außerhalb voneinander existieren. [...] Im Dharmadhatu sind wir im Wunder des Interseins. Leben und Tod sind ineinander. Niemand fürchtet sich zu sterben, denn sterben bedeutet, als etwas anderes geboren zu werden. Wenn eine Wolke stirbt, wird sie zu Regen. Um uns selbst zu erhalten, müssen wir in den Dharmadhatu eintreten.

Ein Lotos erblüht im Herzen

Wir leben nicht isoliert. Unser Leben besteht in Beziehung zu anderen Menschen und anderen Lebensformen. [...] Der Buddha lehrt, daß es uns gelingen wird zu erkennen, daß „dies ist, weil jenes ist; dieses nicht ist, weil jenes nicht ist; dies geboren wird, weil jenes geboren wird; dies zerstört wird, weil jenes zerstört wird." Mit dieser Einsicht können wir das Leben auf intelligente Art schützen.

Die fünf Pfeiler der Weisheit

Zeit beinhaltet Zeit, und Zeit beinhaltet Raum. Raum beinhaltet Raum, und Raum beinhaltet Zeit. Raum ist selbst Zeit. Raum und Zeit können nicht unabhängig voneinander existieren. Ein K*shana* (punktförmiger Augenblick) enthält unendliche Zeit, und das allerkleinste Partikelchen enthält grenzenlosen Raum. Das ist das Prinzip des Alles-ist-eins und Eins-ist-alles. Wenn wir dieses Prinzip verstehen, erkennen wir die Phänomene, von denen in Begriffen wie Geburt, Tod, Sein und Nichtsein die Rede war, als bloße Illusion.

Und ich blühe wie die Blume ...

Alles, was wir für uns tun, ist für andere; alles, was wir für andere tun, ist für uns.

Ein Lotos erblüht im Herzen

Geburt, Wachstum und Verfall jedes Dinges hängen von vielfältigen Ursachen und Bedingungen ab und nicht nur von einer einzigen.

Worte zum Einssein

Die Gegenwart eines einzigen Dinges (*dharma*) impliziert die Gegenwart aller anderen Dinge. Der erleuchtete Mensch sieht jedes Ding nicht als abgetrenntes, in sich stehendes Wesen, sondern als Manifestation der gesamten Wirklichkeit.

Schlüssel zum Zen

Sind wir wütend, *sind* wir die Wut. Lieben wir, *sind* wir die Liebe. Betrachten wir einen schneebedeckten Gipfel, *sind* wir der Berg.

Ich pflanze ein Lächeln

Verstehen und Liebe sind nicht zwei Dinge, sondern eins.

Ich pflanze ein Lächeln

Der Wald, der Baum, die Säge, der Hammer und der Möbelschreiner sind Nicht-Tisch-Elemente, genau wie die Eltern des Möbelschreiners, das Brot, das sie essen, der Schmied, der den Hammer angefertigt hat usw. Wenn wir tief genug in den Tisch hineinzuschauen verstehen, können wir die Anwesenheit aller dieser Nicht-Tisch-Elemente in ihm wahrnehmen. Die Existenz des Tisches führt uns die Existenz aller Nicht-Tisch-Elemente vor Augen, ja in Wirklichkeit sogar die Elemente des gesamten Universums.

Schlüssel zum Zen

Das „Intersein" aller Dinge entspricht direkt dem [...] Begriff des Nicht-Selbst. Das Inter- und Vernetztsein aller Dinge zu erkennen, heißt wahrzunehmen, daß sie von Natur aus wechselseitig voneinander abhängig sind und kein losgelöstes, völlig unabhängiges Selbst haben. Nehmen wir z. B. wieder den Tisch. Wir erkennen sein Vorhandensein erst, wenn die Bedingungen, von denen sein Dasein abhängt, alle zusammentreffen. Ehe er „da ist", hat der Tisch im Wald existiert; dann mußten Säge,

Nägel, Tischler und viele andere Elemente direkt und indirekt zusammenwirken, bis er sichtbar wurde. Wenn wir das Dasein des Tisches in Verbindung mit diesen Elementen sehen können, die ihn alle bedingen, können wir auch sehen, daß er sich grenzenlos in Raum und Zeit erstreckt. Diese Sicht der Wirklichkeit kann uns die Angst vor Begriffen wie Nicht-Existenz, Unbeständigkeit und Nicht-Selbst nehmen. Als Erwachte sind wir frei, heiter und glücklich, Meister unserer selbst.

Schlüssel zum Zen

Der Erwachte lebt zutiefst aus der Bewußtheit des Inter- und Vernetztseins aller Dinge.

Schlüssel zum Zen

Unsere Situation zu verwandeln, bedeutet auch, unseren Geist zu wandeln. Unseren Geist zu wandeln, bedeutet auch, unsere Situation zu verwandeln, denn die Situation ist der Geist, und der Geist ist die Situation.

Ich pflanze ein Lächeln

Leben geschieht nur im gegenwärtigen Augenblick.

Ein Lotos erblüht im Herzen

Wenn man sich an seine Idee der Hoffnung auf die Zukunft klammert, dann könnten einem der Frieden und die Freude entgehen, die schon im gegenwärtigen Augenblick zu haben sind. Die beste Art, sich um die Zukunft zu kümmern, ist, sich um den gegenwärtigen Augenblick zu kümmern. Durch die Übung des bewußten Atmens, durch die bewußte Wahrnehmung eines jeden Gedankens und einer jeden Handlung wird man wiedergeboren und steht ganz lebendig im gegenwärtigen Augenblick. Man braucht seine Hoffnung nicht völlig aufzugeben, aber wenn man seine Energien nicht auf die Wahrnehmung der Ereignisse im gegenwärtigen Augenblick konzentriert, geht man an dem Frieden und Glück vorbei, die schon jetzt verfügbar sind. Die Quelle ist in uns. Wenn wir im gegenwärtigen Augenblick in die Tiefe gehen, sprudelt das Wasser hervor.

Lebendiger Buddha, lebendiger Christus

Das Leben ist nur in der Gegenwart verfügbar. Wir müssen zu diesem Augenblick zurückkehren, um mit dem Leben, wie es wirklich ist, in Berührung zu sein. Zu wissen, daß wir lebendig sind, daß wir mit allen Wundern in uns und um uns herum in Berührung sein können, ist ein wahrhaftiges Wunder. Wir müssen nur unsere Augen öffnen und aufmerksam lauschen, um den Reichtum des Lebens zu genießen. Indem wir das achtsame Atmen nutzen, können wir den gegenwärtigen Augenblick in einen Moment voll des Wunders und der Schönheit verwandeln.

Und ich blühe wie die Blume ...

An die Wahrheit zu rühren, heißt nicht, Wissen anzusammeln, sondern für das *Herz der Wirklichkeit* aufzuwachen. Die Wirklichkeit offenbart sich im Augenblick des Erwachens als vollständig und ganz. Im Licht des Erwachens wird nichts hinzugefügt, und nichts geht verloren. Gefühle, die auf Begriffen gründen, rühren uns nicht mehr. Wenn Bodhidharma ein idealer Mensch ist, dann deshalb, weil er die Ketten der Illusion zerbrochen hat, die uns an die Welt der Begriffe fesseln. Der Hammer, der zum Zerschlagen dieser Ketten verwendet wird, ist die Praxis des Zen.

Schlüssel zum Zen

Das Wesentliche am Zen ist das Erwachen. Aus diesem Grund *redet man nicht über Zen, sondern man erfährt es.* [...] Lächeln, Blick, Wort und Tun der erwachten Persönlichkeit stellen die *Sprache* des Erwachens dar. [...] Die Sprache des Zen zielt immer darauf ab, die Denkgewohnheiten derer zu zerschlagen, die ausschließlich in begrifflichen Kategorien zu denken vermögen. Sie legt es vorwiegend darauf an, Krisen hervorzurufen, welche die Erfahrung des kostbaren Augenblicks des Erwachens herbeiführen sollen.

Schlüssel zum Zen

Wahrer Geist wird nicht im Augenblick des Erwachens geboren, denn er ist unerschaffbar und unzerstörbar. Das Erwachen bringt ihn nur ans Licht.

Schlüssel zum Zen

Bei der Sitzmeditation geht es nicht darum, sich Gedanken zu machen, nachzudenken oder sich in Begriffen oder Unterscheidungen zu verlieren. Es geht auch nicht darum, unbeweglich zu verharren, so wie ein Stein oder ein Baumstumpf. Wie lassen sich die beiden Extreme des Sich-Verhedderns in Begriffen und der völligen Untätigkeit vermeiden? Indem man ganz im gegenwärtigen Augenblick ruht, mitten im Kern der jeweiligen Erfahrung, unter der Lampe der Bewußtheit. Der Weg, beide Extreme zu vermeiden, besteht also darin, sich auf die direkte Erfahrung einzulassen und diese in voller Wachheit wahrzunehmen.

Schlüssel zum Zen

Im Augenblick der Erfahrung sind Sie und das Kosten des Tees eins. Beides ist nicht voneinander verschieden. Der Tee ist Sie, und Sie sind der Tee [...], denn in der tatsächlichen Erfahrung ist der Unterschied zwischen Subjekt und Objekt aufgehoben. [...] *Die Welt des Zen ist die Welt reiner Erfahrung ohne Begriffe.* [...]

Bei der Welt der direkten Erfahrung des Zen handelt es sich deshalb um Leben und Achtsamkeit, und nicht um stumpfes Da-sein.

Schlüssel zum Zen

Worte zum Einssein

Jeder Atemzug, jeder Schritt, den wir tun, kann mit Frieden, Freude und Gelassenheit erfüllt sein. Wir müssen nur wach sein und im Augenblick leben.

Ich pflanze ein Lächeln

Wir sollten die Meditation sanft, aber stetig üben, im gesamten Alltag, und uns keine Gelegenheit, kein Ereignis entgehen lassen, um tief in die wahre Natur des Lebens zu blicken, zu dem auch unsere tagtäglichen Probleme gehören. Wenn wir so üben, bleiben wir mit dem Leben in enger, tiefer Verbindung.

Ich pflanze ein Lächeln

Abzuwaschen ist zugleich Mittel und Zweck – das heißt, wir spülen das Geschirr nicht bloß, um sauberes Geschirr zu haben, sondern wir spülen ab, um abzuspülen, um während des Abwaschens voll in jedem Augenblick zu leben.

Ich pflanze ein Lächeln

Erleuchtung, Frieden und Freude werden nicht von jemand verliehen. Der Quell ist in unserem Inneren, und wenn wir tief genug im gegenwärtigen Moment nachgraben, wird das Wasser hervorsprudeln. Wenn wir wirklich lebendig sein wollen, müssen wir zurück zum gegenwärtigen Augenblick. Üben wir bewußtes Atmen, so üben wir die Rückkehr in den gegenwärtigen Moment, in dem alles geschieht.

Ich pflanze ein Lächeln

Wenn wir nicht ganz wir selbst sind, wahrhaft im gegenwärtigen Augenblick, verpassen wir alles.

Ich pflanze ein Lächeln

Oft sagen wir: „Wartet nur, bis ich mit dem Studium fertig bin und meinen Doktor gemacht habe, dann werde ich wirklich lebendig sein." Wenn es dann soweit ist, sagen wir: „Ich muß erst noch eine Arbeit haben, bis ich wirklich lebendig bin." Nach der Arbeit braucht man ein Auto und nach dem Auto ein Haus. So ist man unfähig, im gegenwärtigen Augenblick zu leben. Man verschiebt das Lebendigsein in die Zukunft, auf einen unbestimmten Zeitpunkt. Möglicherweise ist man in seinem ganzen Leben niemals wirklich lebendig.

Lebendiger Buddha, lebendiger Christus

Wir müssen aufhören, unseren Körper und unsere Seele für eine Idee zukünftigen Glücks zu zerstören. Wir müssen lernen, [...] den Frieden und die Freude zu berühren, die jetzt zur Verfügung stehen. Wenn jemand uns fragen würde: „Ist der beste Augenblick deines Lebens schon dagewesen?", mögen wir vielleicht entgegnen, daß er kurz bevorstehe. Wenn wir aber in derselben Weise zu leben fortfahren, wird er vielleicht niemals eintreten.

Ein Lotos erblüht im Herzen

Unsere wahre Heimat ist der gegenwärtige Augenblick. Im gegenwärtigen Augenblick zu leben, ist ein Wunder. Auf dem Wasser zu schreiten, ist es nicht. Das Wunder besteht vielmehr darin, im gegenwärtigen Augenblick über die grüne Erde zu gehen, den Frieden und die Schönheit zu kosten, die jetzt genau zur Verfügung stehen. [...] Wir müssen nur Mittel und Wege finden, unseren Körper und Geist zurück in den gegenwärtigen Augenblick zu bringen, damit wir das berühren können, was uns erfrischt und heilt und wunderbar ist.

Ein Lotos erblüht im Herzen

Wenn man die Schönheit des Lebens schätzt und ehrt, wird man auch alle Anstrengungen unternehmen, um ganz im gegenwärtigen Augenblick zu leben und alles Leben zu schützen.

Lebendiger Buddha, lebendiger Christus

Worte zum Einssein

Du kannst jedes Geräusch, jeden Klang als Erinnerung benutzen, um innezuhalten, ein- und auszuatmen und den gegenwärtigen Moment zu genießen.

Ich pflanze ein Lächeln

Als ich vier war, brachte mir meine Mutter jedesmal einen Keks mit, wenn sie vom Markt nach Hause kam. Ich lief immer in den Vorgarten und ließ mir Zeit mit dem Verspeisen, manchmal eine halbe oder dreiviertel Stunde für einen Keks. Ich biß ein kleines Stück ab und blickte zum Himmel hinauf. Danach berührte ich den Hund mit den Füßen und nahm den nächsten kleinen Bissen zu mir. Ich genoß es einfach, da zu sein, mit dem Himmel, der Erde, dem Bambusdickicht, der Katze, dem Hund, den Blüten. Ich war dazu in der Lage, weil ich mir keine Sorgen zu machen brauchte. Ich dachte nicht über die Zukunft nach, bereute nicht die Vergangenheit. Ich befand mich mit meinem Keks, dem Hund, dem Bambusdickicht, der Katze und allem anderen völlig im gegenwärtigen Moment.

Ich pflanze ein Lächeln

Wenn man tief in den gegenwärtigen Augenblick eintritt, sieht man die Natur der Wirklichkeit, und diese Einsicht befreit von Leiden und Unsicherheit.

Lebendiger Buddha, lebendiger Christus

Den gegenwärtigen Moment zu berühren, bedeutet nicht, Vergangenheit und Zukunft abzulegen. Wenn du den jetzigen Moment berührst, erkennst du, daß die Gegenwart aus der Vergangenheit hervorgeht und die Zukunft schafft. Den gegenwärtigen Augenblick berührend, berührst du zugleich Vergangenheit und Zukunft. Du berührst in weltumfassender Weise die Unendlichkeit der Zeit, die letztendliche Dimension der Wirklichkeit.

Ein Lotos erblüht im Herzen

VII

Das Wunder des Atems

Worte zur Meditation

DAS WUNDER DES ATEMS

Es ist etwas Wunderbares, zu atmen und zu wissen, daß man lebt. Weil man lebendig ist, ist alles möglich.

Ich pflanze ein Lächeln

Wir müssen das bewußte Atmen üben, weil wir dadurch lernen können, mit schwierigen Situationen und heftigen Emotionen umzugehen.

Ein Lotos erblüht im Herzen

Wir können tiefe Freude dabei empfinden, mit unserem Atem in Berührung zu sein und uns lebendig zu fühlen.

Ein Lotos erblüht im Herzen

Wir können unseren Atem benutzen, um mit den Gefühlen in Verbindung zu sein und sie zu akzeptieren.

Ich pflanze ein Lächeln

Worte zur Meditation

Wenn wir den Himmel auf Erden wollen, brauchen wir nur einen bewußten Atemzug und einen bewußten Schritt zu tun. [...] Wir werden wir selbst, vollkommen lebendig im gegenwärtigen Moment, und der Baum, unser Kind und alles andere offenbaren sich uns in ihrer ganzen Herrlichkeit.

Ein Lotos erblüht im Herzen

Wenn wir wollen, daß der Ozean ruhig ist, schöpfen wir nicht sein Wasser aus. Ohne Wasser bleibt nichts übrig. Bemerken wir in uns Ärger, Furcht und Aufregung, brauchen wir diese nicht abzutrennen. Wir müssen nur bewußt ein- und ausatmen; dies allein ist ausreichend, um den Sturm zu beruhigen.

Ein Lotos erblüht im Herzen

Atmen ist das beste Mittel, um Unglücklichsein, Aufregung, Furcht und Ärger Einhalt zu gebieten. Ob du sitzt, liegst, umhergehst oder stehst, du kannst in jeder beliebigen Haltung üben. Besonders angenehm ist es, draußen zu üben, wo die Luft so erfrischend ist. Du kannst dich ins Gras setzen oder legen oder langsam umhergehen, dabei ein- und ausatmen und deine Aufmerksamkeit auf jeden einzelnen Atemzug richten.

Ein Lotos erblüht im Herzen

Ich bin der Ansicht, daß es in jedem Zuhause ein Zimmer geben sollte, in dem geatmet werden kann. Einfache Übungen wie bewußtes Atmen und Lächeln sind sehr wichtig. Sie können unsere Zivilisation verändern.

Ich pflanze ein Lächeln

Die Ruhe des Atmens bringt die Ruhe des Körper und des Geistes mit sich.

Und ich blühe wie die Blume ...

Worte zur Meditation

Der Friede ist immer auf irgendeine Weise schon da, das Problem ist, ob man weiß, wie man in Kontakt mit ihm kommt. Bewußtes Atmen ist die einfachste buddhistische Übung, um in Kontakt mit dem Frieden zu kommen.

Lebendiger Buddha, lebendiger Christus

Während wir bewußtes Atmen üben, wird sich unser Denkprozeß verlangsamen, und wir können uns wirklich eine Ruhepause gönnen. Die meiste Zeit denken wir zuviel, und achtsames Atmen hilft uns, ruhig, entspannt und friedvoll zu sein. Es ermöglicht uns, in Fühlung mit dem Leben zu sein, das im gegenwärtigen Moment wunderbar ist.

Ich pflanze ein Lächeln

Das Atmen ist die Brücke, die den Meditierenden vom Körper zum Geist und vom Geist zum Körper trägt.

Und ich blühe wie die Blume ...

Sein Geist ist nicht länger ein ängstlicher Geist oder ein denkender Geist, sondern einfach ein atmender Geist.

Und ich blühe wie die Blume ...

Niemand kann in der Kunst der Meditation wirklich Erfolg haben, ohne durch das Tor des Atems zu gehen. Die Übung des bewußten Atmens öffnet die Tür zum Innehalten und tiefen Schauen, was uns schließlich in die Domäne von Konzentration und Einsicht führt.

Und ich blühe wie die Blume ...

Bewußtes Atmen ist der Weg in jede Form meditativer Konzentration. Bewußtes Atmen führt uns darüber hinaus zu den grundlegenden Erkenntnissen der Vergänglichkeit, der Leerheit, des abhängigen Entstehens, des Nicht-Selbst und der Nicht-Dualität von allem, was ist.

Und ich blühe wie die Blume ...

Worte zur Meditation

Wenn Sie einatmen, zollen Sie dem Einatmen Ihre ganze Aufmerksamkeit. Wo immer der Atem im Körper hinkommt, spüren Sie die Ruhe, die er bringt. So, als würden Sie an einem heißen Tag kühles Wasser trinken, fühlen Sie, wie der Atem den inneren Organen des Körpers Kühlung bringt. In der Meditation ist der Geist ruhig, wenn der Körper ruhig ist. Bewußtes Atmen bringt Körper und Geist zur Einheit.

Und ich blühe wie die Blume ...

Meditation bedeutet nicht, Probleme zu meiden oder vor Schwierigkeiten davonzulaufen. Wir üben uns nicht darin zu fliehen. Wir üben, um genügend Kraft zu haben, den Problemen wirksam begegnen zu können.

Ein Lotos erblüht im Herzen

Es gibt Menschen, die meditieren, bloß um die Komplikationen und Probleme des Lebens zu vergessen, wie Hasen, die sich unter einer Hecke zusammendrücken, um dem Jäger zu entgehen, oder Menschen, die in einem Keller Schutz vor Bomben suchen.

Und ich blühe wie die Blume ...

Meditation heißt in Verbindung sein.

Ich pflanze ein Lächeln

Manchmal benutzen wir vielleicht die Meditation, um uns vor uns selbst und dem Leben wie ein Kaninchen zu verstecken, das sich in seinen Bau zurückzieht. Auf diese Weise gelingt es uns womöglich, eine Weile einen Bogen um ein paar Probleme zu machen, aber wenn wir aus unserem Schlupfloch hervorkommen, müssen wir uns ihnen wieder stellen. Wenn wir unsere Meditation zum Beispiel recht intensiv üben, können wir eine gewisse Erleichterung spüren, da wir unsere Kräfte erschöpfen und die Energie nicht dafür einsetzen, uns den Schwierigkeiten zu stellen. Wenn die Energie aber zurückkehrt, kehren auch die Probleme mit ihr zurück.

Ich pflanze ein Lächeln

Meditation ist keine Droge, die uns unsere konkreten Probleme vergessen läßt.

Lebendiger Buddha, lebendiger Christus

Das Gefühl von Sicherheit und Schutz entsteht ganz von selbst, wenn wir in Meditation sitzen, aber wir können nicht ständig in diesem Zustand verharren. Wir brauchen Tatkraft und Stärke, um aus unserer Meditationshalle wieder ins Leben zurückzukehren, denn nur dann können wir unsere Welt verändern.

Und ich blühe wie die Blume ...

Der Zweck unseres Übens besteht nicht darin, dem Leben aus dem Weg zu gehen. Wir wollen vielmehr die Erfahrung machen, daß jetzt wie in der Zukunft Glück im Leben möglich ist, und dies auch zeigen.

Ich pflanze ein Lächeln

Die Meditation ist vor allen Dingen ein Werkzeug, um unser eigenes „Gebiet" zu überwachen, damit wir erkennen können, was vor sich geht. [...] Wenn wir lernen, Kontakt mit dem Frieden, der Freude und dem Glück aufzunehmen, die schon vorhanden sind, werden wir gesund und stark und eine Stütze für andere sein.

Lebendiger Buddha, lebendiger Christus

Die Funktion der Meditation ist es, zu heilen und zu transformieren. Meditation, wie sie in meiner Tradition des Buddhismus verstanden wird, verhilft uns zur Ganzheit und unterstützt uns darin, tief in uns hinein und um uns herum zu schauen, um zu erkennen, was wirklich ist. Die Energie, die in der Meditation genutzt wird, ist Achtsamkeit; tief schauen heißt, mit der Achtsamkeit die Nischen unseres Geistes auszuleuchten oder ins Herz der Dinge zu blicken, um ihre wahre Natur zu erkennen. Wenn Achtsamkeit vorhanden ist, findet Meditation statt. Achtsamkeit hilft uns, die wahre Natur des Meditationsobjektes zu verstehen [...].

Und ich blühe wie die Blume ...

In der Meditation halten wir inne und sehen genau hin. Wir halten inne, um einfach da zu sein, um mit der Welt und uns selbst zu sein. Wenn wir fähig zum Innehalten sind, beginnen wir zu sehen. Und wenn wir sehen können, verstehen wir auch.

Ich pflanze ein Lächeln

Wenn man dasitzt und tief in seinen Körper, sein Bewußtsein und seine geistigen Zustände schaut, gleicht man einer Henne auf ihren Eiern. Eines Tages wird Erkenntnis wie ein Küken geboren werden.

Lebendiger Buddha, lebendiger Christus

„**T**iefes Erkennen" bedeutet, etwas oder jemanden mit so großer Konzentration zu betrachten, daß die Unterscheidung zwischen Beobachter und Beobachtetem verschwindet.

Lebendiger Buddha, lebendiger Christus

Durch tiefes Schauen erlangt der oder die Meditierende Einsicht, *prajña* oder Weisheit. Diese Einsicht besitzt die Kraft, uns von unserem Leiden und unseren Fesseln zu befreien. Im Prozeß der Meditation lösen sich die Ketten, leidhafte innere Blockaden wie Angst, Verzweiflung und Haß werden verwandelt, Beziehungen mit Menschen und der Natur werden einfacher, Freiheit und Freude beginnen vorzuherrschen. Wir fangen an, bewußt wahrzunehmen, was in uns und um uns herum vorgeht; in unserem Alltagsleben sind wir frischer und lebendiger. In dem Maße, in dem wir selbst freier und glücklicher werden, hören wir auf, uns auf eine Art und Weise zu verhalten, die anderen Leid bereitet, und werden fähig, um uns herum Veränderungen zu bewirken und anderen dabei zu helfen, selbst frei zu werden.

Und ich blühe wie die Blume ...

Wenn wir Ergebnisse erzielen wollen, brauchen wir kollektive Erleuchtung. Wie sonst könnten wir den Kreislauf der Gewalt beenden? Wir selbst müssen im kleinen und im großen daran arbeiten, daß unsere eigene Gewalt endet.

Lebendiger Buddha, lebendiger Christus

Die buddhistische Meditation – Innehalten, Ruhigwerden und tiefes Hinschauen –

verhilft zu besserem Verstehen. In jedem Menschen liegt ein Keim des Verstehens. Dieser Keim ist Gott. Er ist auch der Buddha.

Lebendiger Buddha, lebendiger Christus

Um Gewaltlosigkeit zu üben, müssen wir vor allen Dingen lernen, friedvoll mit uns selbst umzugehen. [...] Mit Gewaltlosigkeit, der Praxis des Friedens, können wir beginnen, indem wir an der Verwandlung des Krieges in uns selbst arbeiten. Hierbei hilft bewußte Atmung.

Lebendiger Buddha, lebendiger Christus

Meditation kann praktisch überall und unter allen Umständen geübt werden – im Sitzen, Gehen, Liegen, Stehen, selbst beim Arbeiten, Essen und Trinken. Die Sitzpraxis ist nur die bekannteste Form der Meditation. Daß wir uns an dieser Form der Übung freuen dürfen, ist für uns das größte Privileg.

Und ich blühe wie die Blume ...

Worte zur Meditation

Sooft man bewußte Atmung praktiziert, ist man ein lebender Buddha. Die beste Übung in schwierigen Augenblicken ist, sich auf sich selbst zu besinnen und in Achtsamkeit zu verweilen.

Lebendiger Buddha, lebendiger Christus

Während der Meditation wird die Energie der Achtsamkeit stetig erzeugt, genährt und gestärkt. Der oder die Meditierende gleicht einer erblühenden Lotosblume. Buddhas sind voll erblühte menschliche Blumen, schön und erfrischend. Wir alle sind werdende Buddhas.

Und ich blühe wie die Blume ...

Man kann sich vorstellen, daß alle Einzelteile des eigenen Geistes und Körpers über den ganzen Raum zerstreut sind. Die Sitzmeditation zu üben bedeutet, sie wieder zusammenzubringen, die Einheit und Ganzheit des eigenen Wesens wiederzufinden, sich selbst wieder zum Leben zu erwecken und ein Buddha zu werden.

Die Sitzmeditation ist etwas sehr Frohmachendes. Der ganze oder halbe Lotossitz macht es leichter, frei durchzuatmen, sich tief zu konzentrieren und zum Zustand der Achtsamkeit zurückzukehren. Aber man sollte das Zen nicht nur in der Sitzhaltung üben. Man kann es genauso üben, während man geht, ißt, spricht, arbeitet, in allen Lagen, bei allen Tätigkeiten ist es möglich. „Was ist ein Buddha?" „Ein Buddha ist ein Mensch, der vierundzwanzig Stunden täglich in Achtsamkeit lebt."

Schlüssel zum Zen

Die Sitzmeditation ist Leben.

Schlüssel zum Zen

Im Alltag müssen wir durch die Übung richtigen Atmens unsere Energie pflegen.

Die fünf Pfeiler der Weisheit

Worte zur Meditation

Die Übung des achtsamen Atmens [ist] so wichtig für unser spirituelles Leben. Sie kräftigt alle unsere Energiequellen.

Die fünf Pfeiler der Weisheit

Die erste Übung, die ich als junger Mönch lernte, war bewußtes Ein- und Ausatmen, die „Berührung" eines jeden Atemzugs mit meiner Achtsamkeit und die Wahrnehmung des Einatmens als Einatmen und des Ausatmens als Ausatmen. Wenn man diese Übung durchführt, werden Körper und Geist aufeinander abgestimmt, das Wandern der Gedanken hört auf, und man ist im bestmöglichen Zustand.

Lebendiger Buddha, lebendiger Christus

Einatmen und Ausatmen sind sehr wichtig und noch dazu genußreich. Unsere Atmung verbindet unseren Körper und unseren Geist. Manchmal denkt unser Kopf an irgend etwas, und unser Körper macht etwas anderes; Geist und Körper sind dann keine Einheit. Durch unsere Einstimmung auf den Atem, das „Ein" und „Aus", bringen wir Körper und Geist erneut zusammen und werden wieder eins. Bewußtes Atmen baut eine wichtige Brücke.

Ich pflanze ein Lächeln

Wo du auch bist, du kannst immer achtsam atmen. Wir alle haben es nötig, von Zeit zu Zeit zu uns selbst zurückzukehren, um uns den Schwierigkeiten des Lebens stellen zu können. Wir können das in jeder Lage tun – im Stehen, Sitzen, Liegen oder Gehen.

Ich pflanze ein Lächeln

Die halbe und die ganze Lotosstellung eignen sich hervorragend, Körper und Geist Festigkeit zu geben.

Ich pflanze ein Lächeln

Worte zur Meditation

Wenn du die Lotosstellung einnehmen willst, legst du sanft die Beine übereinander, indem du (beim halben Lotos) einen Fuß oder (beim ganzen Lotos) beide Füße auf den jeweils anderen Oberschenkel legst. Wenn dir die Lotosstellung schwerfällt, genügt es, einfach mit gekreuzten Beinen oder in einer anderen bequemen Haltung zu sitzen. Laß den Rücken gerade sein, halte deine Augen halb geschlossen und lege die Hände übereinander bequem in den Schoß. Wenn es dir lieber ist, kannst du dich auf einen Stuhl setzen, die Füße flach auf dem Boden, die Hände ruhig im Schoß. Du kannst dich auch mit dem Rücken flach auf den Boden legen, die Beine ausgestreckt und ein wenig geöffnet, die Arme seitlich, die Handflächen am besten nach oben.

Ich pflanze ein Lächeln

Während Sie Sitzmediation üben, müssen Sie vollkommen gelassen sein. Jeder Muskel Ihres Körpers sollte entspannt sein, Ihre Gesichtsmuskeln eingeschlossen. Am wirkungsvollsten entspannen Sie die Muskeln Ihres Körpers, indem Sie beim Atmen sanft lächeln. Die Wirbelsäule sollten Sie möglichst aufrecht halten, ohne jedoch den Körper zu verspannen. Diese Haltung wird Sie entspannen, und Sie können das Gefühl der Gelassenheit genießen. Geben Sie sich nicht allzu viel Mühe, strengen Sie sich nicht an, kämpfen Sie nicht. Lassen Sie alles los, während Sie sitzen. Damit verhindern Sie Schmerzen im Rücken, in den Schultern oder im Kopf. Wenn Sie ein Kissen finden, das Ihrem Körper gut gerecht wird, können Sie darauf sehr lange sitzen, ohne müde zu werden.

Und ich blühe wie die Blume ...

Jeder Augenblick der Meditation im Sitzen bringt uns zum Leben zurück, und wir sollten so sitzen, daß wir die ganze Zeit des Sitzens genießen können.

Ich pflanze ein Lächeln

In manchen Meditationszentren ist den Übenden keine Bewegung gestattet, solange sie im Sitzen meditieren. Sie müssen häufig große Qualen ertragen. Mir kommt das unnatürlich vor. Wenn einer unserer Körperteile gefühllos wird oder schmerzt, sagt er uns etwas, und wir sollten auf ihn hören.

Ich pflanze ein Lächeln

Manche Leute wissen nicht so recht, was sie beim Sitzen tun sollen. [...] *„Sie müssen bloß sitzen"* ist eine Ermahnung der Tao Dong (Soto) Meditation. Es bedeutet, daß Sie sitzen sollen, ohne auf ein Wunder zu warten – einschließlich des Wunders der Erleuchtung. Wenn Sie immer in Erwartung sitzen, können Sie mit dem gegenwärtigen Moment, der immer die Gesamtheit des Lebens enthält, nicht in Kontakt kommen oder ihn genießen. *Sitzen* bedeutet in diesem Zusammenhang, auf erwachte Art und Weise zu sitzen, entspannt, aber mit einem wachen Geist, ruhig und klar. Nur das kann man *sitzen* nennen, und es bedarf eines langen Trainings und ausreichender Übung.

Und ich blühe wie die Blume ...

Es gibt Leute, die das Meditieren im Sitzen jeden Tag viele Stunden üben, aber ihren Gefühlen nie wirklich ins Auge blicken. Manche von ihnen behaupten, Gefühle seien nicht wichtig und sie würden ihre Aufmerksamkeit lieber auf metaphysische Themen lenken. Ich sage nicht, daß diese oder andere Inhalte der Meditation unwichtig sind, aber wenn sie nicht in Zusammenhang mit unseren realen Problemen gesehen werden, besitzt unsere Meditation wenig Wert und hilft nicht viel.

Ich pflanze ein Lächeln

Es ist viel einfacher und nützlicher, mit einem Bild zu meditieren als mit einer abstrakten Idee.

Und ich blühe wie die Blume ...

Worte zur Meditation

Da man die Wirklichkeit nur leben und erfahren kann, versuchen die buddhistischen Lehren nie, die Wirklichkeit zu beschreiben. Sie wollen nur Methoden aufzeigen, um die Übenden in Richtung der Wirklichkeit zu führen.

Schlüssel zum Zen

Will man die Wirklichkeit sehen, so kann man das nicht dadurch zuwege bringen, daß man sich auf die Dinge fixiert, sondern man muß in ihre wahre Natur hineinschauen.

Schlüssel zum Zen

Die wahre Natur oder der wahre Geist ist nicht das, was wir im idealistischen oder ontologischen Sinn als „Wesen" bezeichnen würden. Es ist die Wirklichkeit als solche. Das Wort „Geist" wird gelegentlich „Natur" genannt. „Wahrer Geist" und „wahre Natur" sind also Namen für ein und dieselbe Wirklichkeit. Vom Standpunkt des Wissens aus bezeichnen wir sie als „Verstehen" oder gelegentlich auch als „Geist". Wenn wir über die Wirklichkeit an sich reden, wird die Unterscheidung zwischen Subjekt und Objekt des Wissens aufgehoben. Wir verwenden dafür also Ausdrücke wie „wahre Natur", „wahrer Geist", „nicht-unterscheidendes Denken", oder wir sprechen vom *Schauen in die eigene Natur*.

Schlüssel zum Zen

Stätten der Achtsamkeit

Frankreich: Plumvillage, New Hamlet
13 Martineau, F-33580 Dieulivol
Tel.: 0033 - 556 61 66 88
Fax: 0033 - 556 61 61 51

Schweiz: Haus Tao, CH-9427 Wolfhalden
Tel.: 0(041) 71- 888 35 39
Fax: 0(041) 71- 880 05 38

Deutschland: Zenklausen in der Eifel
D-54619 Lautzerath/Leidenborn
Tel.: 0(049) 6559 - 467
Fax: 0(049) 6559 - 1342

Gemeinschaft für Achtsames Leben e.V.
(getragen von SchülerInnen von Thích Nhât Hanh im deutschsprachigen Raum):

Kontaktadresse: Birkensteinstraße 8, Postfach 60
83730 Fischbachau
Tel.: 0(049) 8028 - 9281 (Mi. 12 – 14 Uhr)
Fax: 0(049) 8028 - 2120

Hier kann eine Liste aller Gemeinschaften in der Linie von Thích Nhât Hanh im deutschsprachigen Raum angefragt werden.

QUELLENNACHWEIS

Die vorliegende Auswahl ist folgenden Werken von
Thích Nhât Hanh entnommen:

Die fünf Pfeiler der Weisheit
© Deutsche Rechte by O.W. Barth Verlag,
Bern und München 1996

Ich pflanze ein Lächeln
Alle deutschsprachigen Rechte beim
Wilhelm Goldmann Verlag GmbH, München 1992

Ein Lotos erblüht im Herzen
Alle deutschsprachigen Rechte beim
Wilhelm Goldmann Verlag GmbH, München 1995

Lebendiger Buddha, lebendiger Christus
Alle deutschsprachigen Rechte beim
Wilhelm Goldmann Verlag GmbH, München 1996

Schlüssel zum Zen
Verlag Herder, Freiburg 1996

Der Geruch von frischgeschnittenem Gras
ZEN-Verlag, Lautzerath 1995

Und ich blühe wie die Blume ...
Aurum Verlag, Braunschweig 1995